**Basiswissen Sozialwirtschaft und Sozialmanagement**

**Reihe herausgegeben von**
Klaus Grunwald, Duale Hochschule BW Stuttgart, Stuttgart, Baden-Württemberg, Deutschland
Ludger Kolhoff, Fakultät Soziale Arbeit, Ostfalia Hochschule, Wolfenbüttel, Niedersachsen, Deutschland

Die Lehrbuchreihe „Basiswissen Sozialwirtschaft und Sozialmanagement" vermittelt zentrale Inhalte zum Themenfeld Sozialwirtschaft und Sozialmanagement in verständlicher, didaktisch sorgfältig aufbereiteter und kompakter Form. In sich abgeschlossene, thematisch fokussierte Lehrbücher stellen die verschiedenen Themen theoretisch fundiert und kritisch reflektiert dar. Vermittelt werden sowohl Grundlagen aus relevanten wissenschaftlichen (Teil-)Disziplinen als auch methodische Zugänge zu Herausforderungen der Sozialwirtschaft im Allgemeinen und sozialwirtschaftlicher Unternehmen im Besonderen. Die Bände richten sich an Studierende und Fachkräfte der Sozialen Arbeit, der Sozialwirtschaft und des Sozialmanagements. Sie sollen nicht nur in der Lehre (insbesondere der Vor- und Nachbereitung von Seminarveranstaltungen), sondern auch in der individuellen bzw. selbstständigen Beschäftigung mit relevanten sozialwirtschaftlichen Fragestellungen eine gute Unterstützung im Lernprozess von Studierenden sowie in der Weiterbildung von Fach- und Führungskräften bieten.

**Beiratsmitglieder**
**Holger Backhaus-Maul,** Philosophische Fakultät III, Universität Halle-Wittenberg, Halle (Saale), Sachsen-Anhalt, Deutschland
**Marlies Fröse,** Evangelische Hochschule Dresden, Dresden, Sachsen, Deutschland
**Waltraud Grillitsch,** Fachhochschule Kärnten, Feldkirchen, Österreich
**Andreas Laib,** Fachbereich Soziale Arbeit, Fachhochschule St. Gallen, St. Gallen, Schweiz
**Andreas Langer,** Department Soziale Arbeit, HAW Hamburg, Hamburg, Deutschland
**Wolf-Rainer Wendt,** Stuttgart, Baden-Württemberg, Deutschland
**Peter Zängl,** Hochschule für Soziale Arbeit, Fachhochschule Nordwestschweiz, Olten, Schweiz

Weitere Bände in der Reihe http://www.springer.com/series/15473

Susanne A. Dreas

# Diversity Management in Organisationen der Sozialwirtschaft

Eine Einführung

Susanne A. Dreas
FB Soziale Arbeit, Bildung und Erziehung,
Hochschule Neubrandenburg
Neubrandenburg, Deutschland

ISSN 2569-6009 ISSN 2569-6017 (electronic)
Basiswissen Sozialwirtschaft und Sozialmanagement
ISBN 978-3-658-20545-4 ISBN 978-3-658-20546-1 (eBook)
https://doi.org/10.1007/978-3-658-20546-1

Die Deutsche Nationalbibliothek verzeichnet diese Publikation in der Deutschen Nationalbibliografie; detaillierte bibliografische Daten sind im Internet über http://dnb.d-nb.de abrufbar.

Springer VS
© Springer Fachmedien Wiesbaden GmbH, ein Teil von Springer Nature 2019
Das Werk einschließlich aller seiner Teile ist urheberrechtlich geschützt. Jede Verwertung, die nicht ausdrücklich vom Urheberrechtsgesetz zugelassen ist, bedarf der vorherigen Zustimmung des Verlags. Das gilt insbesondere für Vervielfältigungen, Bearbeitungen, Übersetzungen, Mikroverfilmungen und die Einspeicherung und Verarbeitung in elektronischen Systemen.
Die Wiedergabe von Gebrauchsnamen, Handelsnamen, Warenbezeichnungen usw. in diesem Werk berechtigt auch ohne besondere Kennzeichnung nicht zu der Annahme, dass solche Namen im Sinne der Warenzeichen- und Markenschutz-Gesetzgebung als frei zu betrachten wären und daher von jedermann benutzt werden dürften.
Der Verlag, die Autoren und die Herausgeber gehen davon aus, dass die Angaben und Informationen in diesem Werk zum Zeitpunkt der Veröffentlichung vollständig und korrekt sind. Weder der Verlag, noch die Autoren oder die Herausgeber übernehmen, ausdrücklich oder implizit, Gewähr für den Inhalt des Werkes, etwaige Fehler oder Äußerungen. Der Verlag bleibt im Hinblick auf geografische Zuordnungen und Gebietsbezeichnungen in veröffentlichten Karten und Institutionsadressen neutral.

Springer VS ist ein Imprint der eingetragenen Gesellschaft Springer Fachmedien Wiesbaden GmbH und ist ein Teil von Springer Nature
Die Anschrift der Gesellschaft ist: Abraham-Lincoln-Str. 46, 65189 Wiesbaden, Germany

# Inhaltsverzeichnis

1 Einleitung.................................................. 1

2 **Diversity Management: Grundbegriffe, historischer Ursprung und Ansätze** ........................................ 5
   2.1  Begriffsbestimmung „Diversity" und „Diversity Management" ................................. 5
   2.2  Dimensionen von Diversity und ihre Wechselwirkungen ........ 8
   2.3  Stereotype, Vorurteile und Diskriminierung................... 11
   2.4  Das Konzept „Diversity Management" und sein historischer Ursprung................................... 13
   2.5  Warum beschäftigten sich Organisationen mit Diversity Management? Fünf Paradigmen.................... 17
   Literatur..................................................... 22

3 **Vielfalt als Herausforderung für Organisationen der Sozialwirtschaft** .......................................... 25
   3.1  Besonderheiten von Organisationen der Sozialwirtschaft ........ 25
   3.2  Herausforderungen für den Umgang mit Vielfalt............... 29
   3.3  Bezug zu Diversity-Konzepten in der Sozialen Arbeit und Sozialpädagogik........................................ 35
   3.4  Kritik an der ökonomischen Ausrichtung von Diversity Management............................................ 40
   3.5  Verbreitung von „Diversity Management" in der Sozialwirtschaft...................................... 42
   Literatur..................................................... 45

## 4 Diversity Management als Organisations- und Führungsstrategie ... 51
- 4.1 Die Gestaltung einer diversitätsorientierten Organisationskultur ... 51
- 4.2 Diversity Management als Führungsaufgabe ... 54
- 4.3 Diversity Management als Veränderungsprozess ... 55
- 4.4 Implementierung von Diversity Management ... 58
- Literatur ... 66

## 5 Diversity Management als Aufgabe des Personalmanagements ... 69
- 5.1 Personalplanung und Personalmarketing ... 70
- 5.2 Personalauswahl: Transparente Stellenbesetzungsprozesse ... 71
- 5.3 Personalentwicklung: Die Entwicklung von Diversity-Kompetenz ... 73
- 5.4 Personalführung und Teamentwicklung ... 76
- 5.5 Vergütung ... 79
- Literatur ... 81

## 6 Nutzenmessung von Diversity-Maßnahmen ... 85
- 6.1 Grundbegriffe: Controlling und Diversity Controlling ... 85
- 6.2 Diversity Scorecard ... 88
- 6.3 Diversity Culture Index ... 93
- Literatur ... 95

## 7 Fallbeispiele aus der Praxis ... 97
- 7.1 Interkulturelles Einstellungsverfahren für Bürokaufleute ... 97
  - 7.1.1 Modul „Interkultureller Postkorb" ... 98
  - 7.1.2 Modul „Angewandtes Rechnen" ... 100
- 7.2 Das multikulturelle Seniorenzentrum Haus am Sandberg ... 101
  - 7.2.1 Das Haus ... 101
  - 7.2.2 Die Herausforderung: Kulturelle Spezifika von Gesundheit und Krankheit ... 102
  - 7.2.3 Verankerung von Diversity im Qualitätsmanagement ... 102
- 7.3 AfB Social & Green IT: Kopplung von Wachstum und Sozialintegration ... 107
  - 7.3.1 Diversity als Wettbewerbsvorteil ... 108
  - 7.3.2 Diversity Marketing ... 112

| | | | |
|---|---|---|---|
| 7.4 | Das Projekt „Gleichgestellt in Führung gehen" bei der Caritas | | 113 |
| | 7.4.1 | Ausgangslage und Problemanalyse im Projekt | 114 |
| | 7.4.2 | Überwindung individueller Hürden: Aufstiegskompetenzen für weibliche Beschäftigte | 115 |
| | 7.4.3 | Offene Ausschreibung vakanter Führungspositionen | 116 |
| | 7.4.4 | Strategische Entwicklungsleitlinien und Jobsharing | 117 |
| 7.5 | Diversity Management als organisationale Haltung: Der Verein Eltern für Kinder Österreich | | 118 |
| | 7.5.1 | Veränderung der Organisationskultur durch impliziten Change | 119 |
| | 7.5.2 | Lobbyarbeit für die Rechte gleichgeschlechtlicher Paare | 120 |
| 7.6 | Altersgerechte Personalentwicklung im Rauhen Haus | | 121 |
| | 7.6.1 | Demografie orientiertes und generationensensibles Führungskonzept | 122 |
| | 7.6.2 | Neue Karrierewege für Berufserfahrene | 124 |
| | 7.6.3 | Teamentwicklung als Beitrag zum Erhalt der Leistungsfähigkeit von Älteren | 125 |
| | 7.6.4 | Horizontale Karrieren: Hospitation für ältere Beschäftigte im Rauhen Haus | 126 |
| 7.7 | Social Reporting in der Inklusionskinderkrippe nestwärme | | 128 |
| | 7.7.1 | Inklusion als Teil der Qualitätssicherung | 128 |
| | 7.7.2 | Wirkungsmessung der inklusiven Krippe durch Social Reporting | 131 |
| Literatur | | | 132 |
| **8** | **Schlussbetrachtung** | | **133** |
| **Literatur** | | | **137** |

# Abbildungsverzeichnis

| | | |
|---|---|---|
| Abb. 2.1 | Primär- und Sekundärdimensionen von Vielfalt. | 9 |
| Abb. 2.2 | Die vier Ebenen der Dimensionen von Vielfalt nach Gardenswartz und Rowe (2008) | 10 |
| Abb. 2.3 | Zwei Lager von Diversity | 15 |
| Abb. 2.4 | Paradigmen von Diversity Management nach Thomas und Ely (1996) | 18 |
| Abb. 2.5 | Erweiterungen der Paradigmen um externe und gesellschaftliche Diversity | 20 |
| Abb. 3.1 | Mitglieder bei der Charta der Vielfalt (Vereine, Verbände, Stiftungen) | 44 |
| Abb. 3.2 | Mitglieder bei der Charta der Vielfalt (Vereine, Verbände, Stiftungen nach Organisationsgröße) | 44 |
| Abb. 4.1 | Das 3-Phasen-Modell von Lewin | 56 |
| Abb. 4.2 | Beispiel für die Bestandsaufnahme der betrieblichen Altersstruktur | 63 |
| Abb. 5.1 | Handlungsfelder des Diversity Managements in der Personalarbeit | 70 |
| Abb. 6.1 | Die Balanced Scorecard | 88 |
| Abb. 6.2 | Die sechs Perspektiven der Diversity Scorecard von Hubbard | 90 |
| Abb. 6.3 | Personenbezogene Kennzahlen zur Nutzenmessung von Diversity-Maßnahmen | 91 |
| Abb. 6.4 | Ampelsystem zur Erfolgsmessung der Diversity-Strategie | 92 |

| | | |
|---|---|---|
| Abb. 6.5 | Items für die Gestaltungsvariable „Wertschätzendes Führungsverhalten". | 94 |
| Abb. 6.6 | Diversity Culture Index (Dimension Geschlecht) | 94 |
| Abb. 7.1 | Auszug aus dem Code of Conduct der AfB (internes Dokument). | 109 |
| Abb. 7.2 | Diversity Marketing der AfB | 112 |
| Abb. 7.3 | Time-Line-Methode: Zeitstrahl zur Visualisierung der Berufsbiografie. | 124 |

# Einleitung 1

Neue gesellschaftliche Phänomene wie die Zunahme von transnationaler Migration, der demografische Wandel, die rechtliche Verankerung der Teilhabe für Menschen mit Behinderung und die Pluralisierung von Lebensformen stellen Organisationen der Sozialwirtschaft vor große Herausforderungen. Auf der einen Seite müssen sie sich auf eine größere Vielfalt der Adressaten*innen[1] und ihrer Problemlagen einstellen, auf der anderen Seite nimmt auch die Heterogenität der Beschäftigten in Bezug auf Alter, Herkunft und individuellen Ansprüchen zu. Hinzu kommt, dass öffentliche Kostenträger die Vergabe von Zuwendungen oder Leistungsentgelten an die Umsetzung von Maßnahmen zur Förderung von Chancengleichheit und Antidiskriminierung koppeln. Produzenten sozialer und gesundheitsbezogener Dienstleistungen wie Kitas, Pflegeheime, Krankenhäuser oder Einrichtungen der Behindertenhilfe brauchen deshalb einen professionellen Umgang mit Vielfalt und Heterogenität.

Das Buch bietet eine Einführung in Diversity Management als Konzept der strategischen Unternehmensführung für Organisationen der Sozialwirtschaft. Der Fokus liegt auf dem Prozess der systematischen Planung, Implementierung und Kontrolle von Diversity-Maßnahmen mittels Führung, Personalmanagement und Organisationsentwicklung. Studierende und Praktiker*innen der Sozialen Arbeit, des Sozialmanagements, der Pflege- und Gesundheitswissenschaften erhalten einen umfassenden Einblick in die normativen, betriebswirtschaftlichen

---

[1]Mein Anspruch ist es, in diesem Buch eine geschlechtergerechte Sprache zu verwenden. Zugunsten der Lesbarkeit werde ich an manchen Stellen jedoch auf das generische Maskulinum ausweichen.

und organisationswissenschaftlichen Grundlagen von Diversity Management und Felder der praktischen Anwendung. Im Mittelpunkt des Lehrbuchs stehen folgende Fragen:

1. Was versteht man unter Diversity Management und wie hat sich das Konzept bis heute entwickelt?
2. Wie lassen sich Ansätze des Diversity Management in Organisationen der Sozialwirtschaft systematisch und gewinnbringend umsetzen?
3. Welche Verfahren und Instrumente finden sich in der Praxis, um Vielfalt in Bezug auf die klassischen Handlungsfelder Geschlecht, Herkunft, Weltanschauung, Ethnie, Alter, Behinderung und sexuelle Orientierung produktiv zu managen?

Der Aufbau des Buches orientiert sich am Managementkreislauf mit den Schritten Planung, Entscheidung, Führung, Implementierung und Kontrolle. Das zweite Kapitel beginnt mit der Erläuterung der Grundbegriffe Diversity und Diversity Management, beschreibt die Entstehung von Stereotypen, Vorurteilen und Diskriminierung und geht auf die historischen Wurzeln von Diversity Management ein. Die drei Paradigmen von Thomas und Ely (1996) und ihre Erweiterungen von Schulz (2009) und Bührmann (2015) bieten ein theoretisches Fundament, um zu erklären, mit welcher Motivation und in welcher Breite und Intensität sich Organisationen überhaupt mit Diversity Management befassen.

Kapitel drei geht auf die Besonderheiten sozialwirtschaftlicher Organisationen ein und leitet daraus begründet ab, weshalb das aus der Wirtschaft stammende Konzept Diversity Management nicht eins zu eins auf Betriebe der Sozialwirtschaft übertragen werden kann. Vielmehr wird anhand vielfältiger Beispiele aufgezeigt, wie Anforderungen von Marktlogik, Moral und Ethik sinnstiftend und nutzbringend miteinander verbunden werden können.

Kapitel vier beschäftigt sich mit Diversity Management als Führungsaufgabe und beschreibt, wie die organisationale Bearbeitung von Vielfalt als übergeordnete Strategie gelingen kann.

Als Aufgabe des Personalmanagements richtet sich Diversity Management darauf, Vielfalt in Prozessen der Personalplanung, des Personalmarketings, der Personalauswahl, der Personalentwicklung und der Vergütung zu berücksichtigen, mit dem Ziel Fachkräfte zu gewinnen und binden, wie in Kapitel fünf beschrieben wird.

Die Frage wie sich der Nutzen von Diversity Management auf verschiedenen Wirkungsebenen messen lässt, wird in Kapitel sechs thematisiert. Dazu werden

# 1 Einleitung

verschiedene Controlling-Verfahren wie die Diversity Scorecard, das Ampelsystem und der Diversity Culture Index vorgestellt.

Die Praxisbeispiele in Kap. 7 geben einen Einblick in die Gestaltungsvielfalt, wie Diversity Management in Organisationen der Sozialwirtschaft umgesetzt werden kann. Sie sollen den Leser*innen Anregungen bieten, selbst kreativ zu werden und Lösungen für die Bearbeitung von organisationaler Vielfalt zu entwickeln.

Die einzelnen Kapitel sind als in sich geschlossene Lerneinheiten konzipiert und enden jeweils mit Übungs- und Kontrollfragen. Dadurch eignen sie sich sowohl für den Einsatz in Lehrveranstaltungen zur Diskussion als auch zum Selbstlernen.

Mein herzlicher Dank geht an die Interviewpartnerinnen und -partner der Einrichtungen und Träger, die mir wertvolle Einblicke in die Diversity-Aktivitäten in ihrer Organisation ermöglicht haben. Namentlich genannt seien Hansjörg Lüttke, Yvonne Cvilak, Lars Keller, Ralf Krause, Kathrin Haider-Lorentz, Helene Planicka und Petra Moske. Ich danke außerdem den Herausgebern der Reihe Sozialwirtschaft/Sozialmanagement Klaus Grunwald und Ludger Kolhoff für ihre inhaltlichen Anregungen, Mhin Tuan Nguyen für die konstruktiv-kritische Durchsicht des Manuskripts und Ramona Seelow für die formale Bearbeitung und Korrektur des Textes.

# Diversity Management: Grundbegriffe, historischer Ursprung und Ansätze

**Lernziele**
- Grundlegende Begriffe Diversity, Managing Diversity und Diversity Management voneinander unterscheiden.
- Den Umgang mit Vielfalt als Managementaufgabe verstehen.
- Dimensionen von Diversity und ihre Wechselwirkungen kennen lernen.
- Die Bedeutung von Stereotype, Vorurteil und Diskriminierung als Gegenstand von Diversity Management begreifen.
- Rechtliche Grundlagen für Diversity Management aus dem EU-Recht und das Allgemeine Gleichbehandlungsgesetz benennen können.
- Fünf grundlegende Ansätze kennen lernen, weshalb sich Organisationen mit Vielfalt beschäftigen.

## 2.1 Begriffsbestimmung „Diversity" und „Diversity Management"

Diversity bedeutet im Englischen Vielfalt oder Verschiedenartigkeit. In den deutschsprachigen Wirtschafts- und Sozialwissenschaften wird der Begriff Diversity eher im Sinne von *Anerkennung* der Vielfalt zwischen Menschen verwendet. Dabei gibt es kein einheitliches Verständnis darüber, welche einzelnen Aspekte menschlicher Vielfalt Diversity umfasst. Je nach Perspektive und Erkenntnisinteresse können dies alle biologischen, sozialen oder kulturellen Merkmale sein, worin sich Individuen oder Gruppen voneinander unterscheiden, wie z. B. Ethnie, Alter, Sprache, Fähigkeiten, Qualifikationen oder Kompetenzen. In der Literatur lassen sich mindestens zwei Strömungen von Diversity voneinander abgrenzen: zum einen die gesellschafts- und herrschaftskritische

Ausrichtung, zum anderen die marktförmige Ausrichtung von Diversity (Fereidooni und Zeoli 2016, S. 9). Gemeinsam ist beiden Ausrichtungen die positive Grundhaltung gegenüber der Heterogenität von Individuen und Gruppen. Verschiedenartigkeit und Differenz werden nicht als Defizit, sondern als Potenzial betrachtet. Während der erste Ansatz Differenz eher eine Forderung nach gesellschaftspolitischer Veränderung postuliert mit dem Ziel, allen Menschen eine gleichberechtigte Teilhabe an der Gesellschaft zu ermöglichen, legt der zweite Ansatz den Fokus auf den wirtschaftlichen Nutzen, der mit der Anerkennung von Verschiedenartigkeit einhergehen soll, z. B. in dem die Mitglieder einer sehr heterogenen Arbeitsgruppe durch die Verschiedenartigkeit der Perspektiven zu einem besseren Ergebnis gelangen (Fereidooni und Zeoli 2016, S. 10 f.). Für das Management von Vielfalt in Organisationen liegt zunächst die Beschäftigung mit Vertreter*innen der marktformigen Ausrichtung von Diversity nahe, denn letztendlich geht es in Organisationen der Sozialwirtschaft neben der Erfüllung der Sachziele immer auch um einen effizienten Ressourceneinsatz.

Der Begriff „to manage" bedeutet steuern, bewältigen, fertigbringen oder gestalten. „Management heißt, andere dazu zu bringen, Dinge in eine Richtung, in einen Zustand zu bringen, der vom Manager gewollt ist" (Becker 2016, S. 293). Becker unterscheidet zwischen dem funktionalen Aspekt von Management, welcher die Gestaltung betont sowie dem institutionellen Aspekt, nach dem die Rechten und Pflichten, die einer Managementfunktion zugewiesen werden, betrachtet werden. Demnach bedeutet das Management von Diversity, Vielfalt zu steuern und zielgerichtet in einen bestimmten Zustand zu bringen (ebd., S. 294).

Der in der Diversity-Forschung oft verwendete Begriff „Managing Diversity" betont den Prozess des Gestaltens und „zielt auf Vermeidung, Milderung und Beseitigung von Nachteilen, die einzelne Personen oder Personengruppen gegenüber anderen Personen oder Gruppen hinnehmen (müssen)" (ebd., S. 294). Nach Sepehri und Wagner besteht zwischen Diversity und Managing Diversity ein Zusammenhang, denn nur wenn ein Bewusstsein für Vielfalt besteht, kann Vielfalt auch „gemanaged" werden (Sepehri und Wagner 2002, S. 125). Konkret heißt das für das Management, den Blick für das vorhandene Potenzial der Vielfalt in der Organisation zu schärfen, die Akzeptanz von Unterschiedlichkeit zu fördern, aber auch, Vielfalt nicht nur zuzulassen sondern durch Interventionen gezielt zu erhöhen, z. B. durch die Einstellung oder Beförderung von Zielgruppen, die bisher in der Organisation unterrepräsentiert sind. Managing Diversity kann somit als Summe aller Prozesse, Maßnahmen und Aktivitäten zur Beseitigung von Diskriminierung und Wertschätzung von Vielfalt

## 2.1 Begriffsbestimmung „Diversity" und „Diversity Management"

in der Organisation beschrieben werden. Während sich die frühe Forschung zu Diversity in erster Linie auf den Umgang mit Verschiedenartigkeit und Unterschieden innerhalb von Belegschaftsstrukturen bezog, plädierte der U.S.-amerikanische Wissenschaftler Roosevelt Thomas Jr. ab Mitte der 1990er Jahre für die Ergänzung des Konzepts durch die Berücksichtigung der vorhandenen Gemeinsamkeiten (ebd., S. 130). Durch diese Vorgehensweise soll die Gefahr der Stereotypisierung verringert werden und eine höhere Akzeptanz von Managing Diversity in der gesamten Belegschaft erreicht werden, als wenn der Fokus allein auf die Belange von Minderheiten gerichtet wird. Individuen gehören nicht nur einer Gruppe an, sondern immer mehreren zugleich, z. B. Geschlecht, Alter und Berufsgruppe (Krell und Sieben 2011, S. 158).

Diversity Management ist ein Handlungsfeld von Organisationen, das auf den Aktivitäten des Managing Diversity aufbaut bzw. diese koordiniert. Es kann als Organisationseinheit betrachtet werden, die für die Ausgestaltung und Umsetzung von Managing Diversity zuständig ist. Maßgeblich dafür verantwortlich sind die Führungskräfte des oberen Managements sowie der Funktionsbereich der Personalabteilung (Becker 2016, S. 293). Als Konzept der strategischen Unternehmensführung beinhaltet Diversity Management sowohl eine gesellschaftlich-soziale als auch eine ökonomisch-wettbewerbsrelevante Komponente (Sepehri und Wagner 2002, S. 122 f.), mit dem Ziel, Vielfalt in der Organisation zu fördern und für den Organisationserfolg produktiv zu nutzen (Krell und Sieben 2011, S. 158).

**Ökonomische Argumente für Diversity Management nach Krell & Sieben**
1. Das *Beschäftigtenstrukturargument:* Durch den demografischen Wandel muss sich die Personalpolitik neuen Beschäftigtengruppen öffnen, die nicht der Norm des weißen, männlichen Vollzeitbeschäftigten entsprechen.
2. Das *Kostenargument:* Unzufriedene Mitarbeiter*innen verursachen Kosten durch geringere Leistung, Fehlzeiten und Kündigung.
3. Das *Marketingargument:* Eine vielfältige Belegschaft kann eher auf vielfältige Kundenbedürfnisse eingehen.
4. Das *Personalmarketingargument:* Vorteile bei der Gewinnung und Bindung von Mitarbeiter*innen, positives Arbeitgeberimage.
5. Das *Flexibilitäts- und Innovationsargument:* Heterogene Organisationen können sich besser auf dynamische Umwelten einstellen. Der mit Diversity Management einhergehende Wandel kann die Offenheit für Innovationen fördern.
6. Das *Kreativitätsargument* und *Problemlösungsargument:* Heterogenere Organisationen haben ein höheres Kreativitäts- und Innovationspotenzial und erzielen mitunter tragfähigere Problemlösungen (nicht in jedem Fall).

7. Das *Finanzierungsargument:* Finanzierungsentscheidungen werden auch nach sozialen Kriterien getroffen. Antragsteller für Fördermittel aus dem Europäischen Sozialfonds müssen mit ihrem Vorhaben nachweislich zu Chancengleichheit und Antidiskriminierung beitragen.
8. Das *Internationalisierungsargument:* Haltung von Akzeptanz und Verständnis, konstruktiver Umgang mit personeller und kultureller Vielfalt fördert die Bereitschaft zur interkulturellen Zusammenarbeit (Krell und Sieben 2011, S. 161 f.).

Dabei kann Diversity Management nicht nur als wirtschaftliches Konzept, sondern auch als Philosophie oder Strategie verstanden werden (ebd., S. 159). Insbesondere für Organisationen der Sozialwirtschaft, die im Vergleich zu Wirtschaftsunternehmen in höherem Maße wert- und sachzieleorientiert ausgerichtet sind, kann Diversity Management auch als Instrument genutzt werden, um gesellschaftspolitische Verbesserungen für Mitglieder, Klienten*innen oder Kunden*innen durchzusetzen. Stuber bezeichnet Diversity Management als Geisteshaltung gegenüber Vielfalt und dem Bewusstsein für Respekt und Wertschätzung von Unterschiedlichkeit im täglichen Miteinander (Stuber 2009, S. 28). Mit dem Konzept besteht die Möglichkeit, gesellschaftskritische und marktorientierte Zielsetzungen miteinander zu verbinden. Diversity Management stammt aus den USA und hält seit Ende der neunziger Jahre verstärkt Einzug in deutschen Unternehmen, Verwaltungen und Non-Profit Organisationen. Der Fokus dieses Buches liegt auf dem Prozess der systematischen Planung, Implementierung und Kontrolle von Diversity-Maßnahmen als kollektive Aufgabe der Führungskräfte mit organisatorischer Unterstützung durch den Personalbereich.

## 2.2 Dimensionen von Diversity und ihre Wechselwirkungen

Der Versuch, Diversity zu definieren hat bereits gezeigt, dass es kein einheitliches Verständnis darüber gibt, welche Merkmale oder Ausprägungen im Einzelnen betrachtet werden. In den USA wurde im Zuge der Bürgerrechtsbewegung vor allem das Ideal des heterosexuellen, weißen Mannes infrage gestellt. Infolgedessen konzentrierten sich Aktivitäten des Diversity Management vor allem auf die Nichtdiskriminierung und Förderung von Frauen sowie Angehörigen der afroamerikanischen Minderheit. Im weiteren Verlauf wurden im Rahmen von Diversity Management immer mehr Kategorien berücksichtigt. Die häufigsten

## 2.2 Dimensionen von Diversity und ihre Wechselwirkungen

| Primärdimensionen | Sekundärdimensionen |
|---|---|
| Alter | Einkommen |
| Geschlecht | Beruflicher Werdegang |
| Rasse | Geographische Lage |
| Ethnische Herkunft | Familienstand |
| Behinderung/körperliche Verfassung | Elternschaft |
| Sexuelle Identität | (Aus-) Bildung |
| Religion | |

**Abb. 2.1** Primär- und Sekundärdimensionen von Vielfalt. (Quelle: Deutsche Gesellschaft für Diversity Management [DGDM])

sind race (Rasse[1]), Geschlecht, Ethnie/Nationalität, hierarchische Position in der Organisation, Alter sowie Behinderung, sexuelle Orientierung und Religion (Krell und Sieben 2011, S. 156).

Es bestehen verschiedene Übersichten zur Systematisierung einzelner Diversity-Dimensionen. Dazu gehört die Unterteilung in wahrnehmbare Eigenschaften wie Hautfarbe, Geschlecht oder Nationalität, kaum wahrnehmbare Eigenschaften wie Werte (z. B. Religion) und nicht wahrnehmbare Eigenschaften wie Kenntnisse und Fähigkeiten (Voigt 2001 zitiert nach Schwarz-Wölzl und Maad 2003, S. 7 f.). Eine andere Systematik unterscheidet zwischen personen-immanenten Eigenschaften und verhaltens-immanenten Eigenschaften als deren Folge (Thomas 2001 zitiert nach Schwarz-Wölzl und Maad 2003, S. 8). Ein Beispiel hierfür ist das Bildungsniveau als personen-immanente Eigenschaft, die grundlegend über Fähigkeiten und Kenntnisse und damit wiederum über den Zugang zu bestimmten Berufen und Positionen entscheidet. Die Deutsche Gesellschaft für Diversity Management stellt folgende Primär- und Sekundärdimensionen gegenüber (Abb. 2.1):

Am umfassendsten ist das Modell der „Four Layers of Diversity" von Lee Gardenswartz und Anita Rowe (Abb. 2.2). Im innersten Kreis steht die Persönlichkeit des Menschen. Darum herum gruppieren sich sichtbare und weitgehend unveränderbare Kerndimensionen wie Alter, Geschlecht, Hautfarbe oder sexuelle Orientierung. Die dritte Ebene umfasst veränderbare und in der Regel nicht direkt

---

[1]Der Begriff der „Rasse" wurde als biologisch deterministische Kategorie im historischen Verlauf fast immer ausgrenzend und abwertend verwendet und ist aufgrund der NS-Vergangenheit in Deutschland sehr umstritten. Er wird daher entsprechend der Forderung der UNESCO durch „ethnische Herkunft" ersetzt.

**Abb. 2.2** Die vier Ebenen der Dimensionen von Vielfalt nach Gardenswartz und Rowe (2008). (Quelle: Charta der Vielfalt (2017, S. 13) [Screenshot])

sichtbare Eigenschaften wie Familienstand, Einkommen oder Bildung. Im äußeren Ring verorten die Autorinnen organisationale Dimensionen wie Arbeitsort, Funktion oder Abteilungszugehörigkeit (Gardenswartz und Rowe 2008, S. 31 ff.).

Welche dieser Dimensionen für eine konkrete Benachteiligung oder Privilegierung jeweils eine Rolle spielen, ist jedoch immer kontext- und situationsabhängig.

Dieses Modell zeigt, dass die einzelnen Dimensionen miteinander verbunden und somit allesamt relevant für Diversity Management sind. Die Verwobenheit sozialer Kategorien wie Gender, Ethnie, Nationalität oder Klasse wird auch mit dem Begriff Intersektionalität (Überkreuzung) bezeichnet. Im Vordergrund der

Betrachtung steht nicht die additive Berücksichtigung mehrerer sozialer Kategorien, sondern ihr gleichzeitiges Zusammenwirken bzw. ihre Wechselwirkungen, die zu Verstärkungen in der Wahrnehmung bei den Betroffenen und zu neuen Benachteiligungsdimensionen führen (Walgenbach 2012). Ein Beispiel hierfür ist eine 54-jährige Sozialarbeiterin mit türkischem Migrationshintergrund. Ausgrenzungserfahrungen macht sie als Frau gegenüber Männern, als Migrantin gegenüber Frauen ohne Migrationshintergrund und als ältere Arbeitnehmerin gegenüber jüngeren Arbeitnehmer*innen. In der Praxis beschäftigt sich die Mehrzahl der Organisationen jedoch nur mit den Dimensionen, durch die eine direkte oder indirekte Benachteiligung im organisationalen Kontext hervorgerufen wird, wie z. B. die Verhinderung des Zugangs zu Ausbildungs- oder Arbeitsplätzen, zu gleicher Entlohnung oder dem Aufstieg in Führungspositionen. Diese Dimensionen finden sich auch im Allgemeinen Gleichstellungsgesetz der Bundesrepublik Deutschland (AGG).[2] Gerade in Organisationen des Sozialwesens, die mit Klient*innen mit multiplen Problemlagen arbeiten, ist es hilfreich, ein Verständnis von Diversity Management zu entwickeln, das auch Wechselwirkungen und Verwobenheiten mehrerer Dimensionen in den Blick nimmt.

## 2.3 Stereotype, Vorurteile und Diskriminierung

**Stereotyp und Vorurteil**

Als *Stereotyp* bezeichnet man vereinfachende und verallgemeinernde Meinungen, Einstellungen und Vorannahmen über Personen oder Gruppen. Sie bieten eine Beurteilungshilfe für komplexe Eigenschaften und erfüllen damit die Funktion einer psychologischen Entlastung, indem sie Hinweise auf zu erwartendes Verhalten liefern sollen. Oftmals stützen sie sich auf äußerliche Merkmale oder sichtbares Verhalten. Menschen ordnen Beobachtungen und Phänomene ihrer Umwelt sozialen Kategorien zu und leiten daraus vermeintliche Eigenschaften ab (Degener et al. 2009, S. 76). Eine Frau mit dunkler Hautfarbe, die mir auf der Straße begegnet, ordne ich automatisch der Kategorie „Ausländerin" zu. Andere Merkmale wie Berufstätigkeit, Alter oder Größe sind in dem Moment nicht relevant. Überrascht bin ich vielleicht, wenn sie mir auf meine Frage nach dem Weg in akzentfreiem Deutsch antwortet. Stereotype beeinflussen nicht nur die

---

[2]Dies sind die Kategorien Geschlecht, Alter, Behinderung, Weltanschauung, Ethnie/Herkunft und sexuelle Orientierung.

Meinungsbildung einzelner Individuen sondern auch die von gesellschaftlichen Gruppen.

Werden diese kognitiven „Schubladen" mit Wertungen versehen, die weder überdacht noch revidiert werden, spricht man von Vorurteilen. *Vorurteile* sind fast immer negative oder ablehnende Einstellungen gegenüber anderen Personen und lassen sich auch kaum durch gegenteilige Erfahrungen revidieren (ebd., S. 76). Darunter fallen Aussagen wie „Frauen können nicht einparken", „die Briten sind arrogant", „die Muslime unterdrücken Frauen" oder „Bewerber mit dem Namen Kevin kommen aus der Unterschicht". Die Eigenschaftszuweisungen werden mit negativen Bewertungen verknüpft, die Wahrnehmungen und Verhaltensweisen steuern. Entstehen daraus konkrete Handlungen, die andere ausgrenzen oder benachteiligen, spricht man von Diskriminierung.

**Unmittelbare und mittelbare Diskriminierung**
Bei der *unmittelbaren* oder *direkten* Diskriminierung erfahren Personen aufgrund bestimmter Merkmale wie ihrer Hautfarbe, ihrer Herkunft, ihres Geschlechts oder ihres Alters eine Ungleichbehandlung oder Benachteiligung gegenüber anderen. Beispiele hierfür sind:

- Eine Bewerberin auf eine Sozialarbeiterstelle wird aufgrund ihres Kopftuchs nicht eingestellt. Die Begründung für die Ablehnung lautet, dass es auf die überwiegend deutschstämmigen Klienten*innen befremdlich wirken würde.
- Eine Ladeninhaberin weist ihre Mitarbeiter*innen an, keine EC-Kartenzahlungen von dunkelhäutigen bzw. ausländisch aussehenden Menschen anzunehmen. Sie begründet ihre Anweisung mit einer angeblich hohen Missbrauchsquote in dieser Zielgruppe.
- Einer 62-jährigen arbeitslosen Frau wird die Teilnahme an einer Bildungsmaßnahme verweigert mit dem Hinweis, die Integration in den Arbeitsmarkt lohne sich in ihrem Alter nicht mehr.

Bei der *mittelbaren* oder *indirekten* Diskriminierung wirken sich scheinbar neutrale Vorschriften, Kriterien oder Verfahren nachteilig auf eine Personengruppe aus.

- Im Rahmen einer Stellenbesetzung für eine Küchenhilfe in einem Altenheim müssen alle Bewerber*innen einen Deutschtest absolvieren, obwohl für die Tätigkeit keine Deutschkenntnisse erforderlich sind. Benachteiligt sind von dieser Regelung Migranten*innen.

- Ein Sozialplan, in dem Elternzeit nicht als Zeit der Betriebszugehörigkeit angerechnet wird benachteiligt Frauen, weil sie häufiger Elternzeit nehmen als Männer.
- Betriebsrenten, die an hinterbliebene Ehepartner*innen ausgezahlt werden, nicht aber an homosexuelle Lebenspartner*innen.

Wie die Beispiele zeigen, kann sowohl die unmittelbare als auch die mittelbare Diskriminierung Ergebnis von organisatorischem Handeln sein. Man spricht auch von institutioneller Diskriminierung, wenn Benachteiligungen durch organisatorische Strukturen, Programme und Routinen verschiedener gesellschaftlicher Lebensbereiche wie z. B. der Bildungs-, Arbeitsmarkt-, Gesundheits- oder Wohnungspolitik hervorgerufen werden (Gomolla und Radtke 2009, S. 18 f.). In der Sozialpolitik betrifft das z. B. Frauen, die aufgrund von Erziehungszeiten weniger Beitragsjahre in der Rente ansammeln konnten und daher Rentenkürzungen in Kauf nehmen müssen. Im Gesundheitswesen sind Kassenpatienten*innen institutionell benachteiligt, wenn sie länger auf einen Facharzttermin warten müssen als Privatpatienten*innen (Becker 2016, S. 298).

Diversity Management geht über Maßnahmen zur positiven Diskriminierung hinaus und umfasst idealerweise Maßnahmen, welche zu einem reflexiven Umgang mit Stereotypen und Vorurteilen anregen. Roosevelt Thomas sieht Affirmative Action als wichtige Basis, damit sich Unternehmen überhaupt mit dem Thema auseinandersetzen. Ohne die gesetzlichen Grundlagen besteht für Unternehmen in der Regel auch kein Anreiz, einen proaktiven Ansatz (Affirmative Diversity) einzuführen. Sie sind deshalb eine notwendige Grundlage, damit sich Organisationen überhaupt mit Diversity auseinandersetzen (Thomas 1990, S. 108). Ein Beispiel hierfür ist die langjährige öffentliche Diskussion, die der Einführung der Frauenquote für Aufsichtsräte vorausging und dazu führte, dass viele Unternehmen Förderprogramme für Frauen auf freiwilliger Basis einführten.

## 2.4 Das Konzept „Diversity Management" und sein historischer Ursprung

**Entstehung in den USA**

Diversity Management hat seine historischen Wurzeln in der Bürgerrechtsbewegung der USA. Die sozialen Proteste von verschiedenen Interessengruppen nach gleichberechtigter Teilhabe führten ab Mitte der 1960er Jahre zu einer umfassenden Antidiskriminierungsgesetzgebung. Mit dem Civil Rights Act von

1964 wurden Afroamerikaner*innen rechtlich gleichgestellt. Title VII des Civil Rights Act ahndet Verstöße aufgrund Geschlecht, Ethnie, Hautfarbe oder Religion und gilt für Betriebe ab 15 Mitarbeiter*innen. 1965 wurde dafür die Equal Employment Opportunity Commission eingesetzt. Die Bundesbehörde ist Anlaufstelle für Beschwerden von Diskriminierung aufgrund des Geschlechts, des Alters, der Ethnie oder Behinderung. Sie hat außerdem die Möglichkeit, Arbeitgeber bei Verstößen zu sanktionieren und dient als Schlichtungsstelle (Homepage EEOC 2018).

Gleichzeitig wurde Affirmative Action, auch positive Diskriminierung genannt, zur Förderung von Minderheiten eingeführt. Hinter diesen Maßnahmen verbergen sich Quotenregelungen zur Verhinderung von Diskriminierung in Aus- und Weiterbildung sowie bei der Einstellungspraxis von Unternehmen. Afroamerikaner*innen, Hispanics oder Frauen dürfen bei gleicher Qualifikation in den Bereichen, in denen sie unterrepräsentiert sind, bevorzugt werden.

Mit der Veröffentlichung der Studie Workforce 2000 wurde im Jahr 1987 die Grundlage für die Einführung von Managing Diversity in der US-amerikanischen Privatwirtschaft gelegt. Die Studie prognostizierte die Entwicklung der wirtschaftlichen Rahmenbedingungen und den Arbeitskräftebedarf für das Jahr 2000. Mit dem erwarteten Rückgang der weißen Bevölkerung und einem daraus resultierenden Fachkräftemangel müssten Unternehmen vor allem Frauen, Afroamerikaner*innen und Hispanics einen besseren Zugang zum Arbeitsmarkt ermöglichen und sich auf stärker heterogene Belegschaften einstellen. Durch lebenslanges Lernen und Maßnahmen zur besseren Vereinbarkeit von Beruf und Familie sollte das Fachkräftepotenzial langfristig an das Unternehmen gebunden werden (Johnston und Packer 1987, S. 20 f.).

**Vom Equity Case zum Business Case**
Mit der Studie veränderte sich die Perspektive vom Kampf gegen Diskriminierung und der Forderung nach Chancengleichheit hin zur gezielten Nutzung aller Kompetenzen (Vedder 2006, S. 5). Anhänger*innen der Human-Rights-Bewegung nahmen eine eher konfrontative Position ein, um für gesellschaftliche Werte wie Fairness, Toleranz und Respekt einzutreten. Diese gesellschaftskritische Strömung wird als *Equity Case* (Gerechtigkeitsparadigma) bezeichnet und wird heute noch von politisch motivierten Akteuren wie Gewerkschaften, Betriebsräten oder Gleichstellungsbeauftragten vertreten. Auf der anderen Seite steht der *Business Case* (Wirtschaftsparadigma), in dem ökonomische Aspekte von Chancengleichheit wie Wettbewerbsvorteile und Steigerung der Produktivität in den Mittelpunkt rücken (Abb. 2.3). Unternehmen, die sich mit Managing Diversity beschäftigten, nehmen eine integrative Position ein, indem sie mit der Förderung von Vielfalt in erster Linie Wettbewerbsvorteile realisieren wollen und ihre Erfolge für die Außendarstellung nutzen.

## 2.4 Das Konzept „Diversity Management" und sein historischer Ursprung

| Equity Case | Business Case |
|---|---|
| Betonung der politischen Perspektive | Betonung der ökonomischen Perspektive |
| Forderung nach Chancengleichheit und Affirmative Action (Positive Diskriminierung) | Strategische Wettbewerbsvorteile |
| Fairness, Toleranz und Respekt | Effizienzsteigerungen |
| Gerechtigkeit am Arbeitsplatz | Positive Produktivitätseffekte |
| Konfrontative Position | Integrative Position |

**Abb. 2.3** Zwei Lager von Diversity. (Quelle: Vedder 2006, S. 6 f.)

Diversity Management als Konzept und Unternehmensstrategie wurde Anfang der neunziger Jahre erstmalig in weltweit tätigen Unternehmen eingeführt. Später wurde Diversity Management auch auf Beratungsunternehmen, kleine und mittlere Unternehmen, öffentliche Verwaltungen, Universitäten und Non-Profit-Organisationen übertragen (Vedder 2006, S. 6).

**Entstehung in Europa**
In Europa haben sich erstmalig Großbritannien, die Niederlande sowie die skandinavischen Länder mit Diversity Management befasst. In Großbritannien lag der Schwerpunkt auf Equality Trainings als Teil der Personalarbeit. Durch die umfangreiche Anti-Diskriminierungsgesetzgebung wurden bereits Mitte der 90er Jahre in den Kommunen flächendeckend „Diversity-Beauftragte" für Gleichstellung, Behinderung und ethnische Herkunft eingesetzt. In den Niederlanden wurde Diversity Management vor allem in öffentlichen Einrichtungen zur Sensibilisierung für andere Kulturen und Denkweisen eingeführt, in Schweden zielt Diversity Management ab 1999 auf die Herstellung von Workplace Diversity, die vom Swedish Council for Work Life Research propagiert wurde (Wrench 2002 zitiert nach Pagels 2004, S. 168).

Nach Deutschland gelangte Diversity Management Mitte der 1990er Jahre durch die Einführung in hier niedergelassenen U.S.-Konzernen. In Deutschland und Europa war die Entstehung von Diversity Management historisch eng mit der Kategorie „Geschlecht" verbunden. Es waren vor allem Protagonistinnen der Frauen- und Geschlechterforschung sowie der Gleichstellungsarbeit, die sich mit dem US-amerikanischen Konzept befassten (Krell 1999; Hansen und Dolff 2000; Koall 2001). Gleichzeitig beförderte die Europäische Union durch ihre Richtlinien und Vorgaben zu Gleichstellung und Antidiskriminierung die Bereitschaft von Unternehmen, sich mit Diversity Management zu beschäftigen (s. Abschn. 2.5). Letztendlich haben die zunehmende Vielfalt an Lebens- und Arbeitsformen, Einwanderungsprozesse sowie die Sensibilisierung für die Belange von Minderheiten dazu geführt, dass auch Kategorien wie Alter, Behinderung, Herkunft/Migration sowie sexuelle Orientierung im Rahmen von Diversity Management berücksichtigt wurden.

**Rechtliche Grundlagen**
Auf Basis des Amsterdamer Vertrags wurden eine Reihe von Richtlinien erlassen, die von den Mitgliedstaaten in nationales Recht umgesetzt wurden.

- Antirassismusrichtlinie (2000/43/EG): Bekämpfung von unmittelbaren und mittelbaren Diskriminierungen aufgrund der Rasse und der ethnischen Herkunft. Der Schutzbereich umfasst die Arbeitswelt und den Sozialschutz, die Bildung und den Zugang zu sowie die Versorgung mit Gütern.
- Rahmenrichtlinie Gleichbehandlung und Beschäftigung im Beruf (2000/78/EG) neu gefasst durch Richtlinie 2006/54/EG des Europäischen Parlaments: Schaffung eines allgemeinen Rahmens zum Schutz vor Diskriminierung aufgrund der Rasse, der ethnischen Herkunft, der Religion oder Weltanschauung, einer Behinderung, des Alter und die sexuelle Ausrichtung einer Person in Beschäftigung und Beruf.
- Gender-Richtlinie (2002/73EG): Verwirklichung des Grundsatzes der Gleichbehandlung von Männern und Frauen hinsichtlich des Zugangs zur Beschäftigung, zur Berufsbildung und zum beruflichen Aufstieg sowie in Bezug auf die Arbeitsbedingungen.
- Richtlinie zur Gleichstellung der Geschlechter auch außerhalb der Arbeitswelt: (2004/113/EG): Bekämpfung geschlechtsspezifischer Diskriminierungen beim Zugang zu und der Versorgung mit Gütern und Dienstleistungen.

(Antidiskriminierungsstelle des Bundes 2018)

Aufgrund der vier EU-Richtlinien war auch Deutschland verpflichtet, rechtliche Regelungen zum Schutz vor Diskriminierung umzusetzen. Nach mehreren Vertragsverletzungen trat schließlich das Allgemeine Gleichbehandlungsgesetz (AGG) im Jahr 2006 in Kraft. Ziel des Gesetzes ist es, Benachteiligungen aus Gründen der Rasse oder der ethnischen Herkunft, der Religion oder Weltanschauung, einer Behinderung, des Alters oder der sexuellen Identität durch private Akteure wie Arbeitgeber*innen, Vermieter*innen oder Anbieter*innen von Waren und Dienstleistungen zu verhindern (§§ 1 und 2 AGG). Im betrieblichen Kontext nach § 6 Abs. 1 AGG umfasst der Schutz alle Arbeitnehmerinnen und Arbeitnehmer, Beschäftigte in Ausbildung, Bewerber*innen für ein Arbeitsverhältnis sowie Personen, deren Arbeitsverhältnis beendet ist. Der gesamte Bewerbungsprozess muss diskriminierungsfrei gestaltet sein. Es gilt die Beweislastumkehr, d. h. der Arbeitgeber muss nachweisen, dass er nicht diskriminiert hat. Oftmals ist es in der Praxis jedoch schwierig, einen Diskriminierungstatbestand einwandfrei offen zu legen. So könnte eine Arbeitgeberin sachliche Gründe wie das Fehlen einer bestimmten Zusatzqualifikation für die Ablehnung eines Bewerbers mit Migrationshintergrund vorschieben. Die Verpflichtung, sich mit Anti-Diskriminierung zu befassen, setzte für einige deutsche Unternehmen einen Anreiz, darüber hinausgehende Maßnahmen im Rahmen von Diversity Management einzuführen.

## 2.5 Warum beschäftigten sich Organisationen mit Diversity Management? Fünf Paradigmen

Die US-amerikanischen Autoren David A. Thomas und Robin J. Ely haben untersucht, wie Diversity Management in Organisationen umgesetzt wird und aus ihren Beobachtungen drei unterschiedliche Typen bzw. Paradigmen von Diversity Management abgeleitet (Abb. 2.4). Nach dem *Diskriminierungs- und Fairnessparadigma* beschäftigen sich Organisationen mit Diversity Management, weil sie durch rechtliche Vorgaben von außen verpflichtet sind, Diskriminierung von benachteiligten Minderheiten zu vermeiden. Diversity Management zielt danach vor allem auf die Einführung von formalen Verfahren und Maßnahmen zur Gleichbehandlung bei der Rekrutierung und Beförderung von Beschäftigten. Beispiele hierfür sind Quoten oder Mentoringprogramme. Der Erfolg dieser Strategie wird an der Erfüllung von Rekrutierungs- und Beförderungskennzahlen gemessen. Dem zugrunde liegt ein eher negatives Verständnis von Vielfalt. Heterogenität ist kein Wert an sich, sondern erzeugt Probleme, die durch Anpassung an die betriebliche Mehrheitskultur gelöst werden müssen. Besondere Potenziale von Minderheiten, die eine Organisation bereichern könnten oder subtile Ausgrenzungsmechanismen im Arbeitsalltag werden dagegen nicht beachtet. Eine einseitige Anpassungsnorm ohne Veränderung der Rahmenbedingungen setzt Angehörige von Minderheiten unter Druck (Aretz und Hansen 2003, S. 16).

Das *Zugangs- und Legitimierungsparadigma* richtet den Fokus auf die Diversität von Märkten und Kunden. Im Mittelpunkt dieser marktorientierten Strategie steht die Annahme, dass die Belegschaft in ihrer Zusammensetzung der vielfältigen Kundschaft entsprechen sollte. Danach könne z. B. ein Sozialarbeiter mit türkischen Wurzeln besonders gut auf die Bedarfe von türkischen Klienten*innen eingehen, weil er deren Sprache spricht und ihren kulturellen Kontext besser einschätzen kann. Statt Gleichbehandlung betont dieser Ansatz die Unterschiede zwischen den Mitarbeiter*innen, mit dem Ziel, dadurch Kundenbeziehungen zu verbessern oder neue Märkte zu erschließen. Maßnahmen des Diversity

| Typus | Discrimination & Fairness | Zugang & Legitimierung | Lern- & Effektivität |
|---|---|---|---|
| Organisationsziele | Erfüllen rechtlicher Auflagen und Abwehr von Klagen | Erschließung und Optimierung von Marktzugängen | Strukturelle und ethische Weiterentwicklung der Organisation |
| Fokussierte Bereiche | Rekrutierung und Beförderung | Segmentierte Einheiten mit Kundenbeziehungen | Gesamte Organisation |
| Strategien und Prozesslogiken | Assimilation: Anpassung an bestehende Strukturen | Differenzierung: Betonung von Unterschieden zur Bedarfsdeckung von Kunden | Integration: Anerkennung von Differenz, Anpassung der Organisation |
| Maßnahmen | Einhalten gesetzlicher und ethischer Verpflichtungen | „cultural fit": Matching von Mitarbeiter*in und Kunde*in | Veränderung der Organisationsstruktur und -kultur, Förderprogramme für einzelne Zielgruppen |
| Diversitätsverständnis | Gleichbehandlung als Verpflichtung „Melting Pot" | Diversität zur Verbesserung der Kundenbeziehungen „Toleranter Pluralismus" | Diversität als ökonomische Ressource und Potenzial „Salad Bowl" |

**Abb. 2.4** Paradigmen von Diversity Management nach Thomas und Ely (1996). (Quelle: Bührmann 2015, S. 116)

Managements wie z. B. Trainings oder Mentoring zielen auf die Sensibilisierung für den Umgang mit Unterschieden. Vorteile liegen im wirtschaftlichen Anreiz, das Potenzial der vielfältigen Mitarbeiter*innen für den Unternehmenserfolg zu nutzen. Nachteile entstehen dann, wenn Mitarbeiter*innen und Kunden*innen in Bezug auf ihren jeweiligen kulturellen Hintergrund oder ihre Eigenschaften wie Alter oder Behinderung reduziert werden. Durch die Überbetonung des „cultural fit" bei der Stellenbesetzung besteht die Gefahr, dass Mitarbeiter*innen nur funktional betrachtet werden und dauerhaft in ihrer Nische verbleiben. Auch hier bleibt der Umgang mit Vielfalt und deren Wirkung im Organisationsalltag unberücksichtigt.

Das *Lern- und Effektivitätsparadigma* zielt auf die Integration von Vielfalt in die Organisation durch eine Veränderung von Organisationsstruktur und -kultur und geht damit am weitesten. Vielfalt wird – anders als beim Zugangs- und Legitimierungsparadigma – nicht nur als Ressource zur Erreichung der

Organisationsziele betrachtet, sondern im Rahmen eines toleranten Pluralismus als Wert an sich geschätzt. Altbewährte Organisationsziele, Leitbilder, Arbeitsprozesse und Handlungsroutinen werden im Hinblick auf eine mögliche ausgrenzende oder benachteiligende Wirkung kritisch hinterfragt und sowohl aus ökonomischer als auch ethischer Perspektive weiterentwickelt. Mitarbeiter*innen sollen den Umgang mit Vielfalt und daraus resultierende Konflikte als Lernchance begreifen. Der Erfolg dieser Strategie kann auf verschiedenen Ebenen gemessen werden: 1) die Zunahme von Vielfalt in der Belegschaft, 2) die Verbesserung von Arbeitsprozessen, die z. B. in einer höheren Beratungsqualität durch sensibilisierte Mitarbeiter*innen zum Ausdruck kommt sowie 3) ein durch eine zufriedene und motivierte Belegschaft verbessertes betriebswirtschaftliches Organisationsergebnis. Allerdings sind mit diesem Typus auch Nachteile verbunden: Von oben verordnetes Lernen aus Konflikten kann bei den Mitarbeiter*innen auf Unbehagen oder Ablehnung stoßen. Struktur- und Kulturveränderungen sind in großen bzw. in sehr hierarchisch strukturierten Organisationen nur schwer umsetzbar.

Die von Thomas und Ely entwickelte Typologie wurde mit der Zeit um weitere Typen ergänzt (Abb. 2.5). Das von Schulz (2009, S. 75 ff.) entwickelte *Verantwortungs- Sensibilitätsparadigma* geht über interne Struktur- und Kulturveränderungen hinaus und beleuchtet die Auswirkung der organisationalen Aktivitäten auf die Umwelt. Organisationen übernehmen gesellschaftliche Verantwortung, indem sie soziale und ökologische Ziele mit wirtschaftlichem Handeln in Einklang bringen. Auch hier ist das Ziel, durch nachhaltiges und sensibles Verhalten die Wettbewerbsfähigkeit zu steigern. Durch die Berücksichtigung der externen Diversität wird die Umwelt zum strategischen Faktor, z. B. bei Unternehmen, die ihre Rohstoffe aus fairem Handel beziehen und sich für transparente Lieferketten einsetzen. Mit der Erweiterung des Diversity-Managementkonzeptes auf die Organisationsumwelt nimmt dieser Ansatz eine gesellschaftspolitische Perspektive ein. Ein Beispiel hierfür sind die St. Augustinus Kliniken am Niederrhein, die sich durch Corporate Social Responsibility (Unternehmerische Sozialverantwortung) verpflichtet haben, humanitäre Projekte zu unterstützen.

**Corporate Social Responsibility bei den St. Augustinus Kliniken**
Die gemeinnützigen St. Augustinus Kliniken in Neuss initiieren im Rahmen ihrer CSR-Strategie humanitäre Projekte sowohl in der Region als auch im Ausland. Gemäß dem Motto „Tun, worauf es ankommt!" beteiligen sich Beschäftigte aus allen Unternehmensbereichen, dem Orden,

| Typus | Strategic responsibility & sensibility | Sustainable inclusion and transformation |
|---|---|---|
| Organisationsziele | Wie Learning Typus plus interkulturelle Sensibilität im Organisationsumfeld | Inklusive Organisation plus aktive Transformierung der Umwelt |
| Fokussierte Bereiche | Gesamte Organisation und Reaktion auf externe Diversität | Gesamte Organisation plus aktive Gestaltung der externen Diversität |
| Strategien und Prozesslogiken | Reaktive Inklusion: Differenzen und Gemeinsamkeiten anerkennende Integration | Aktive Inklusion: Anerkennung des Anderen und Abbau sozialer Ungleichheiten |
| Maßnahmen | Veränderungen der Organisationsstruktur und -kultur, Förderprogramme für Zielgruppen | Förderprogramme und Veränderung der Organisationsstrukturen |
| Diversitätsverständnis | Diversität als ökonomische Ressource und Potenzial sowie strategischer Umweltfaktor | Diversität als ökonomisches, innovatives und transformatives Potenzial |

**Abb. 2.5** Erweiterungen der Paradigmen um externe und gesellschaftliche Diversity. (Quelle: Bührmann 2015, S. 121)

> der Stiftung Corunum sowie verschiedene Aktions- und Kooperationspartner. Die Kliniken haben sich dazu mit öffentlichen Institutionen, Städten, Kommunen, Unternehmen, Organisationen und Bürgern vernetzt. Im Mittelpunkt der CSR-Aktivitäten stehen der Schutz und die Versorgung von Menschen in Notlagen sowie Verbesserungsmaßnahmen für Benachteiligte. Dazu gehören die seit 50 Jahren bestehende Burundi-Hilfe sowie neue CSR-Felder wie die Hilfe für Flüchtlinge. Das CSR-Team der Kliniken kümmert sich daneben auch um die systematische und professionelle Mittelbeschaffung im Rahmen von Fundraising.
> (Quelle: Homepage St. Augustinus Kliniken 2018)

Das *Sustainable inclusion & transformation Paradigma* (Bührmann 2015, S. 118 f.) geht noch einen Schritt weiter, indem Organisationen durch ihr Handeln nicht nur strategische Verantwortung für Chancengleichheit und Nachhaltigkeit übernehmen, sondern die gesellschaftlichen Bedingungen in ihrem Wirkungskreis selbst verändern. Ein Beispiel hierfür sind Fair Trade-Projekte in Entwicklungsländern, die mit den Erlösen ihrer Produkte Schulen für die Kinder von Kleinbauern bauen. Der transformative Ansatz passt vor allem zu Organisationen des Sozialwesens, deren Kernaufgabe es ist, die Lebensumstände ihrer Klienten*innen aktiv zu verbessern. Ein Träger der Jugendhilfe könnte die Gestaltung externer Diversität im Stadtteil aktiv durch gemeinsame Lernangebote für Jugendliche mit und ohne Migrationshintergrund befördern.

Mit der Umsetzung von Diversity Management sind jedoch auch Risiken verbunden. So beschreibt Roosevelt Thomas Jr. sechs verschiedene Reaktionsmuster, die innerhalb einer Organisation Diversity-Aktivitäten behindern oder im Extremfall sogar zum Scheitern bringen können.

1. Die Ablehnung von Heterogenität und Exklusion von Beschäftigtengruppen, wodurch sich für Minderheiten Einstellungs- und Aufstiegschancen verschlechtern.
2. Die Verleugnung oder Ignorierung von Diversity-Problemen nach dem Motto „Bei uns sind alle gleich".
3. Unterdrückung von Diversität, z. B. durch Verbote von religiösen Symbolen oder politischen Diskussionen am Arbeitsplatz.
4. Die Isolierung von Minderheiten durch Auslagerung in eigene Abteilungen oder Gebäude, wie in den USA vereinzelt beobachtet wurde.
5. Durch Zwang zur Assimilierung, d. h. abweichende Teilgruppen sollen sich an die Normen der dominanten Gruppe anpassen.
6. Durch stillschweigende Tolerierung, wenn die Existenzberechtigung der Minderheit zwar anerkannt, die Interaktion jedoch auf ein Minimum reduziert wird (zitiert nach Vedder 2006, S. 16 f.).

Um diese Risiken zu minimieren, sollte Diversity Management nicht einfach von oben verordnet werden. Vielmehr sollte Diversity Management im Rahmen einer systematischen Organisationsentwicklung eingeführt werden, um Führungskräfte und Beschäftigte für die Veränderung zu gewinnen (s. Abschn. 4.3).

**Fragen zur Übung und Kontrolle des Lernerfolgs**
1. Warum sollten bei der Bearbeitung von Vielfalt Gemeinsamkeiten und Unterschiede berücksichtigt werden?
2. Erläutern Sie die ökonomischen Vorteile, die eine Organisation mit der Einführung von Diversity Management realisieren kann.
3. Welche Risiken und negativen Reaktionsmuster können bei der Einführung von Diversity Management auftreten?
4. Die Anhänger*innen von Diversity Management teilen sich in zwei Lager. Wie unterscheidet sich der Equity-Case vom Business-Case?
5. Das Allgemeine Gleichbehandlungsgesetz unterscheidet zwischen unmittelbarer und mittelbarer Diskriminierung. Erläutern Sie den Unterschied und geben Sie jeweils ein Beispiel.
6. Grenzen Sie die unterschiedlichen Ansätze, weshalb Organisationen Diversity Management einführen, voneinander ab. Welche unterschiedlichen Bereiche der Organisation rücken dabei jeweils in den Fokus?

## Literatur

Antidiskriminierungsstelle des Bundes (2018). Entgeltgleichheit. http://www.eg-check.de/eg-check/DE/Wie_wende_ich_eg_check_an/Schritt_fuer_Schritt/_node.html. Zugegriffen: 12. Juli 2018.

Aretz, H., & Hansen, K. (2003). Erfolgreiches Management von Diversity. Die multikulturelle Organisation als Strategie zur Verbesserung einer nachhaltigen Wettbewerbsfähigkeit. *Zeitschrift für Personalforschung, 17. Jg., Heft 1,* (S. 9–36).

Becker, M. (2016). Was ist Diversity Management? In K. Fereidooni & A. P. Zeoli (Hrsg.), *Managing Diversity. Die diversitätsbewusste Ausrichtung des Bildungs- und Kulturwesens, der Wirtschaft und Verwaltung* (S. 291–317). Wiesbaden: Springer VS.

Bührmann, A. D. (2015). Die Bearbeitung von Diversität in Organisationen – Plädoyer zur Erweiterung bisheriger Typen. In E. Hanappi-Egger & R. Bendl (Hrsg.), *Diversität, Diversifizierung und (Ent)Solidarisierung* (S. 109–125). Wiesbaden: Springer VS.

Charta der Vielfalt (2017). *Vielfalt, Chancengleichheit und Inklusion. Diversity Management in öffentlichen Einrichtungen.* Hrsg. von der Charta der Vielfalt, Berlin.

Degener, J., Meiser, T., & Rothermund, K. (2009). Kognitive und sozialkognitive Determinanten: Stereotype und Vorurteile. In A. Beelmann & K. J. Jonas (Hrsg.), *Diskriminierung und Toleranz. Psychologische Grundlagen und Anwendungsperspektiven* (S. 75–93). Wiesbaden: VS Verlag für Sozialwissenschaften.

Fereidooni, K., & Zeoli, A. P. (2016). Managing Diversity – Einleitung. In: K. Fereidooni & A. P. Zeoli (Hrsg.), *Diversity Management: Beiträge zur diversitätsbewussten Ausrichtung des Bildungssystems, des Kulturwesens, der Wirtschaft und der Verwaltung* (S. 9–15). Wiesbaden: Springer VS.

## Literatur

Gardenswartz, L., & Rowe, A. (2008). *Diverse Teams at Work. Capitalizing on the Power of Diversity*. Society for Human Resource Management: Alexandria, VA.

Gomolla, M., & Radtke, F.-O. (2009). *Institutionelle Diskriminierung. Die Herstellung ethnischer Differenz in der Schule*. Wiesbaden: Springer VS.

Hansen, K., & Dolff, M. (2000). Von der Frauenförderung zum Management von Diversity. In A. Cottmann, B. Kerstendiek & U. Schildmann (Hrsg.), *Das undisziplinierte Geschlecht* (S. 151–173). Opladen: Leske und Budrich.

Homepage EEOC (2018). https://www.eeoc.gov/eeoc.gov./eeoc/index.cfm. Zugegriffen: 12. Juli 2018.

Homepage St. Augustinus Kliniken (2018). http://www.st-augustinus-kliniken.de/verantwortung/corporate-social-responsibility-csr/. Zugegriffen: 12. Juli 2018.

Johnston, W. B., & Packer, A. E. (1987). *Workforce 2000: Work and Workers for the Twenty-First Century, Executive Summary*. Indianapolis: Hudson Institute.

Koall, I. (2001). *Managing gender & diversity*. Münster, Hamburg, London: Lit.

Krell, G. (1999). Entgelt, Arbeit, Führung: die Rolle des Geschlechts in der Arbeitswissenschaft und der Personallehre. In M. Beblo, G. Krell, K. Schneider & B. Soete (Hrsg.), *Ökonomie und Geschlecht* (S. 161–183). München: Hampp.

Krell, G., & Sieben, B. (2011). Managing Diversity: Chancengleichheit für alle und auch als Wettbewerbsfaktor. In G. Krell & B. Sieben (Hrsg.), *Chancengleichheit durch Personalpolitik. Gleichstellung von Frauen und Männern in Unternehmen und Verwaltungen. Rechtliche Regelungen – Problemanalysen – Lösungen* (S. 155–174). 4. Aufl. Wiesbaden: Springer Gabler.

Pagels, N. (2004). Diversity-Management als Instrument für feministische und antirassistische Praxen? In B. Roß (Hrsg.), *Migration, Geschlecht und Staatsbürgerschaft. Perspektiven für eine antirassistische und feministische Politikwissenschaft* (S. 163–178). Wiesbaden: VS Verlag für Sozialwissenschaften.

Schulz, A. (2009). *Strategisches Diversitätsmanagement. Unternehmensführung im Zeitalter der kulturellen Vielfalt*. Wiesbaden: Gabler.

Schwarz-Wölzl, M., & Maad, C. (2003). Diversity und Managing Diversity Teil 1: Theoretische Grundlagen, Modul 1, Zentrum für Soziale Innovationen Wien. https://www.zsi.at/attach/Diversity_Teil1_Theorie.pdf. Zugegriffen: 12. Juli 2018.

Sepehri, P., & Wagner, D. (2002). Diversity und Managing Diversity. Verständnisfragen Zusammenhänge und theoretische Erkenntnisse. In S. Peter & N. Bensel (Hrsg.), *Frauen und Männer im Management* (S. 121–139). 2. Aufl. Wiesbaden: Gabler.

Stuber, M. (2009). *Diversity. Das Potenzial-Prinzip. Ressourcen aktivieren – Zusammenarbeit gestalten*. 2. Aufl. Köln: Luchterhand.

Thomas, R. Jr. (1990). From Affirmative Action to Affirming Diversity. *Harvard Business Review*, 90(2), 107–117.

Thomas, D. A., & Ely, R. J. (1996). Making Differences Matter. A New Paradigm for Managing Diversity. *Harvard Business Review* 74(5), 79–90.

Vedder, G. (2006). Die historische Entwicklung von Diversity Management in USA und in Deutschland. In G. Krell & H. Wächter (Hrsg.), *Diversity Management. Impulse aus der Personalforschung* (S. 1–22). München und Mering: Hampp.

Walgenbach, K. (2012). Intersektionalität – eine Einführung. http://portal-intersektionalitaet.de/startseite/. Zugegriffen: 16. Juli 2018.

## Weiterführende Literatur

Bührmann, A. D. (2015). Die Bearbeitung von Diversität in Organisationen – Plädoyer zur Erweiterung bisheriger Typen. In E. Hanappi-Egger & R. Bendl (Hrsg.), *Diversität, Diversifizierung und (Ent)Solidarisierung* (S. 109–125). Wiesbaden: Springer VS.

Sepehri, P., & Wagner, D. (2002). Diversity und Managing Diversity. Verständnisfragen Zusammenhänge und theoretische Erkenntnisse. In S. Peter & N. Bensel (Hrsg.), *Frauen und Männer im Management* (S. 121–139). 2. Aufl. Wiesbaden: Gabler.

Vedder, G. (2006). Die historische Entwicklung von Diversity Management in USA und in Deutschland. In G. Krell & H. Wächter (Hrsg.), *Diversity Management. Impulse aus der Personalforschung* (S. 1–22). München und Mering: Hampp.

## Webseiten zur Vertiefung

Informationen zum Allgemeinen Gleichbehandlungsgesetz: Antidiskriminierungsstelle des Bundes: www.antidiskriminierungsstelle.de.

# Vielfalt als Herausforderung für Organisationen der Sozialwirtschaft

**Lernziele**
- Die Besonderheiten von Organisation der Sozialwirtschaft und deren Bedeutung für Diversity Management verstehen.
- Aktuelle Herausforderungen für Diversity Management in der Sozialwirtschaft benennen können.
- Diversity Management von verwandten Konzepten in Organisationen der Sozialwirtschaft abgrenzen können.
- Einen Überblick über das Potenzial und die Verbreitung von Diversity Management in Organisationen der Sozialwirtschaft erhalten.

## 3.1 Besonderheiten von Organisationen der Sozialwirtschaft

Im weiteren Sinn umfasst die Sozialwirtschaft alle Organisationen, die sich „wohlfahrtsdienlich der Versorgung (care) in materiellen, sozialen, gesundheitlichen und pflegerischen Belangen" verschrieben haben (Wendt 2016, S. 2). Der Fokus liegt in diesem Zusammenhang auf der Gestaltung der betrieblichen Ebene von Einrichtungen und Diensten zur sozialen und gesundheitsbezogenen Versorgung der Bevölkerung (ebd., S. 2). „Institutionell umfasst die Sozialwirtschaft die Organisationen, Dienste und Einrichtungen, Programme und Projekte und anderen Unternehmungen, die zu sozialen Zwecken betrieben werden und das Ziel haben, individuelles und gemeinsames Wohlergehen zu fördern oder zu ermöglichen (ebd., S. 12)". In diesem Buch wird ein enges Verständnis von Sozialwirtschaft zugrunde gelegt, das vor allem die Leistungserbringer umfasst.

Dazu gehören Non-Profit-Organisationen, die in Deutschland als gemeinnützige Träger und Einrichtungen der verbandlichen Wohlfahrtspflege soziale und gesundheitsbezogene Leistungen erbringen, inzwischen aber auch immer mehr erwerbswirtschaftliche Sozialunternehmen (Grunwald 2014, S. 36). In Abgrenzung zu kommerziellen Wirtschaftsunternehmen zeichnen sich Akteure der Sozialwirtschaft durch folgende Besonderheiten aus (Grunwald 2014, S. 36; Grunwald und Steinbacher 2007, S. 38 ff.):

1. Sachziel- und Werteorientierung: das bedeutet soziales Handeln und die Ausrichtung der Organisation auf soziale oder gesundheitsbezogene Ziele. Gewinnerzielung ist grundsätzlich möglich, spielt aber eine untergeordnete Rolle.
2. Sie sind Erbringer von personenbezogenen Dienstleistungen.
3. In ihnen findet auch Freiwilligenarbeit oder bürgerschaftliches Engagement statt.
4. Sie operieren unter engen sozialpolitischen und sozialrechtlichen Vorgaben oftmals im Wettbewerb mit anderen Organisationen.

Auch Betriebe von Wohlfahrtsorganisationen müssen ihre Dienste und Einrichtungen wirtschaftlich führen und ihre Mission mit den zur Verfügung stehenden Ressourcen erfüllen (Wendt 2016, S. 3). Damit geraten sowohl soziale als auch ökonomische Zielsetzungen in den Blick (Grunwald und Langer 2018, S. 52), woraus wiederum besondere Managementanforderungen resultieren, die den Hauptzweck der Organisation, die Frage der Bedarfsdeckung sowie die Steuerung von Organisationsentscheidungen betreffen (Merchel 2015, S. 64). Sämtliche Aspekte des Managements finden sich auch in Organisationen der Sozialwirtschaft. Dazu gehören Fragen rund um die Effektivität, Effizienz und Qualität der Dienstleistung, das Spannungsfeld zwischen professionellen Fachkräften, Geschäftsführungen und ehrenamtlichen Vorständen, die Bearbeitung von Umweltanforderungen sowie eine ganzheitliche und sozial-ökologische Organisationsentwicklung (Wöhrle 2012, S. 24 f.). Es stellt sich nun die Frage, wie das Management von Vielfalt in diesen organisationalen Rahmen, der vor allem auch durch die professionelle Fachlichkeit der Sozial- und Gesundheitsberufe geprägt wird, eingebettet werden kann.

Die in diesem Buch vorgestellten Methoden und Modelle zur Umsetzung von Diversity Management richten sich vornehmlich an sozialwirtschaftliche Organisationen mit professionellem Management, hauptamtlich Beschäftigten und direktem Kontakt zu Klienten*innen, Pflegebedürftigen oder Patienten*innen. Management von Vielfalt bezieht sich damit nicht nur auf die personelle Ebene

## 3.1 Besonderheiten von Organisationen der Sozialwirtschaft

der Beschäftigten und Freiwilligen, sondern vor allem auch auf den Umgang mit einer zunehmenden Heterogenität der Klienten*innen.

Könnte man aus diesen Besonderheiten nicht schlussfolgern, dass der Umgang mit Vielfalt in sozialen Organisationen bereits eine große Rolle spielt? Die Dominanz der Sachziel- und Werteorientierung weist darauf hin, dass der professionelle Umgang mit Vielfalt und Differenz ein der Sozialwirtschaft inhärentes Prinzip ist, schließlich befassen sich die Organisationen traditionell mit sozialer Ungleichheit, gesellschaftlicher Ausgrenzung und strukturellen Benachteiligungen (für die Soziale Arbeit vgl. Schröer 2012, S. 1 und Schröer 2007, S. 2). Das spiegelt sich auch in ihrer Organisationskultur, dem Leitbild und ihrer Mission wider. Zu ihren Adressaten*innen gehören Menschen, die Benachteiligungen oder Ausgrenzungen aufgrund ihres Geschlechts, ihrer Herkunft bzw. Hautfarbe, ihres Alters, ihrer sexuellen Orientierung, ihrer Religion oder aufgrund einer Behinderung erfahren.

Insbesondere die Soziale Arbeit leistet auf der Grundlage der Menschenrechte und den Prinzipien der sozialen Gerechtigkeit nicht nur individuelle Hilfe für die Betroffenen, sondern hat zugleich auch einen politisch-reflexiven Anspruch, um die Auswirkungen gesellschaftlicher Entwicklungen auf bestimmte Gruppen zu thematisieren. Während bei einem kommerziellen Unternehmen die Gewinnerzielung an erster Stelle steht, sind in sozialen Organisationen trotz wirtschaftlichen Drucks die Förderung und Mobilisierung der Adressaten*innen handlungsleitende Ziele.

Auch wenn sich daraus eine im Vergleich zu kommerziellen Wirtschaftsunternehmen höhere Motivation für den Umgang mit Vielfalt unterstellen lässt, kann daraus nicht zwangsläufig ein strategischer Ansatz abgeleitet werden. Die erhöhte Sensibilität für die Diversität der Klienten*innen bedeutet nicht automatisch, dass soziale Organisationen die Vielfalt der eigenen Belegschaft im Blick haben (Mor Barak 2000, S. 343). Für Organisationen der Sozialwirtschaft ermöglicht Diversity Management eine Gesamtstrategie zur Gestaltung von Vielfalt, die an die Strukturen sozialer Leistungserbringer angepasst werden muss. Das bedeutet, Diversity Management nicht nur aufgrund des wirtschaftlich zu erwartenden Nutzens einzuführen, sondern darin vor allem auch einen Beitrag zur Erreichung der Sach- und Wertziele zu sehen.

Ein weiteres Strukturmerkmal ist die *eingeschränkte Konsumentensouveränität* von hilfebedürftigen Menschen im sozialen und gesundheitsbezogenen Bereich. Sie können nicht immer Art, Umfang oder den Anbieter der Leistungen entsprechend ihrer Präferenzen frei wählen und sind in der Regel erst nach der Inanspruchnahme einer Behandlung oder Beratung in der Lage, deren Qualität zu beurteilen. Zwischen professionellen Leistungserbringern wie Ärzten*innen,

Pflegepersonal oder Sozialarbeiter\*innen und den Patienten\*innen bzw. Klienten\* innen bestehen somit Informationsasymmetrien und Machtungleichheiten (Cremer et al. 2013, S. 71 f.). So verfügen z. B. Ärzte\* innen und Sozialarbeiter\* innen aufgrund ihres Fachwissens und ihrer Berufsrolle über weitreichende Definitions- und Entscheidungsmacht gegenüber ihren Klienten\*innen.

Für sozialwirtschaftliche Leistungen wie Arztbesuche, stationäre Pflege oder therapeutische Angebote zahlen Klienten\*innen in der Regel nicht selbst, was deren Marktmacht gegenüber dem Leistungserbringer zusätzlich schmälert. Diese Faktoren führen dazu, dass professionelle Fachkräfte ihre dominante Rolle gegenüben vulnerablen Zielgruppen erkennen und immer wieder reflektieren müssen. Unter dem Dach von Diversity Management können hierzu Instrumente und Methoden entwickelt werden, um die eigene privilegierte Haltung gegenüber Minderheiten oder benachteiligten Zielgruppen zu reflektieren.

Mit ihrem *hybriden Charakter* vereinigen Organisationen der Sozialwirtschaft oftmals einen individuellen Mix verschiedener Merkmale aus der privaten Unternehmenswelt, dem staatlichen Sektor und dem Sektor der Individuen und Familien (Evers und Ewert 2010, S. 111). Eine gemeinnützige Pflegeeinrichtung unterliegt der Notwendigkeit als Marktteilnehmer effizient zu wirtschaften und betriebswirtschaftliche Instrumente anzuwenden. Gleichzeitig unterliegen Leistungserbringung und Finanzierung staatlichen Regulierungsmechanismen und gesetzlichen Vorgaben. Durch eine Ausweitung der Anspruchsrechte haben Patienten\*innen mehr Mitsprachemöglichkeiten im Sinne ihres Wunsch- und Wahlrechts. Die Leitung einer solchen Einrichtung muss in der Lage sein sowohl medizinisches als auch betriebswirtschaftliches Wissen mit einer servicegerichteten Klientenorientierung zu verbinden (Evers und Ewert 2010, S. 120).

Management in sozialen Organisationen hat die Aufgabe, ökonomische und administrative Vorgänge sowie Vorgänge der Personalführung mit inhaltlichen, fachlichen und professionellen Entwicklungen zu verbinden und unter Mitwirkung aller Beteiligten und Betroffenen in Strukturen zu übersetzen (Winkler 2008, S. 128). Diversity Management liefert dafür ein strategisches Rahmenkonzept für „Vielfalt gestalten", die als Organisationsphilosophie in der Regel bei vielen sozialen Einrichtungen bereits vorhanden ist (Schröer 2007, S. 3). Organisationen des Sozialwesens stehen wie jede andere Organisation auch vor der Notwendigkeit, mit begrenzten Ressourcen effizienz- und erfolgsorientiert zu wirtschaften. Dies ist oft sogar ein entscheidendes Legitimationskriterium für die Vergabe öffentlicher Mittel (Grunwald und Langer 2018, S. 47). Deshalb bietet Diversity Management als Teilbereich des Managements sozialer Organisationen die Chance, eine Verbindung zwischen sozialer Gerechtigkeit und wirtschaftlichem Erfolg herzustellen.

## 3.2 Herausforderungen für den Umgang mit Vielfalt

Aktuelle gesellschaftliche Veränderungen und Entwicklungen stellen Organisationen der Sozialwirtschaft vor neue Herausforderungen im Hinblick auf den Umgang mit Vielfalt. Beobachten lässt sich eine zunehmende Heterogenität der Gesellschaft, die sozio-ökonomische Unterschiede z. B. in Bezug auf Einkommen oder Milieuzugehörigkeit in den Hintergrund treten lässt. Dafür gewinnen Kategorien von Identität und Differenz zunehmend an Bedeutung (Mecheril und Plößer 2014, S. 322).

**Flucht und Migration**
Migrationsarbeit hat viele Facetten und erfordert einen professionellen Umgang mit Klienten*innen unterschiedlicher Herkunftsländer. Dabei zieht sich die Heterogenität von Menschen mit Migrationshintergrund durch alle Bereiche der Sozialen Arbeit von der Kinder- und Jugendhilfe, über Schulsozialarbeit, Berufsorientierung, Schulden- und Suchtberatung bis hin zur Mehrgenerationenarbeit. Seit der Flüchtlingswelle, die im Sommer 2015 auf ihrem Höhepunkt lag, stehen Organisationen des Sozialwesens zunehmend vor der Aufgabe, geflüchtete Menschen in ihrer gesellschaftlichen Integration zu unterstützen. Die vielfältigen und heterogenen Lebenswelten von Migranten*innen und ihren Familien stellen Fachkräfte der Sozialen Arbeit dabei vor große Herausforderungen. Neben Flüchtlingen gehören auch Spätaussiedler*innen, Arbeitsmigranten*innen oder in Deutschland geborene Menschen mit zugewanderten Eltern zu den Adressaten*innen der Sozialen Arbeit (Geisen und Ottersbach 2015, S. 1). Migrationsarbeit umfasst nicht nur die direkte Interaktion mit den Klient*innen, in der psychische Belastung durch Flucht, Sprachbarrieren, Entwurzelung, Traumatisierung, Ausgrenzung und Stigmatisierung thematisiert werden, sondern auch die zielgruppengenaue Eingliederungshilfe in Kita, Schule, Ausbildung oder Beruf sowie die kompetente Bearbeitung von Einwanderungsthemen im Sozialraum durch eine gesellschaftskritische Auseinandersetzung mit den Rechten und Lebenschancen von Menschen mit Migrationshintergrund. Diversity bedeutet in diesem Handlungsfeld die Wahrnehmung von kulturellen Unterschieden, den Umgang mit „Andersartigkeit" oder „Fremdheit", die Reflexion des kulturell anderen. Fachkräfte der Sozialen Arbeit müssen sich vor diesem Hintergrund selbst mit ihren interkulturellen Handlungskompetenzen auseinandersetzen und sich ihrer eigenen kulturellen Prägung bewusst werden. Die Zielsetzung von Diversity Management sollte deshalb Ansätze finden, Vorurteile und Stereotype abzubauen, Einsicht in kulturabhängige Rollenstrukturen zu geben,

Unsicherheiten und ambivalente Situationen zu tolerieren und letztendlich Kompetenzen zur praktischen Antidiskriminierungsarbeit vermitteln.

**Gesellschaftliche Teilhabe von Menschen mit Behinderung**
Mit der UN-Behindertenrechtskonvention (UN BRK) ergibt sich eine veränderte Sichtweise auf Behinderung: statt einer objektiv feststehenden Einschränkung und individuellem Schicksal wird Behinderung als Ergebnis von gesellschaftlichen Diskursen und Zuschreibungen definiert und damit zu einer Menschenrechtsfrage (Weinbach 2016, S. 13). Dies bedeutet, dass körperliche oder geistige Merkmale in Abgrenzung zum gesunden und leistungsfähigen Körper über Teilhabechancen an den gesellschaftlichen Teilsystemen entscheiden, was durch den Fachbegriff „Ableism" im Sinne der Nichterfüllung von Normalitätsanforderungen zum Ausdruck kommt (Köbsell 2016, S. 93; Kastl 2010, S. 47). Ende 2015 lebten 7,6 Mio. Menschen mit einer Schwerbehinderung in Deutschland[1] (Destatis 2016). Betroffen sind vor allem erwachsene Menschen im erwerbsfähigen Alter, die ihre Behinderung im Laufe ihres Lebens aufgrund einer Krankheit erworben haben (ebd.). Mit dem stufenweise in Kraft tretenden Bundesteilhabegesetz soll die Behindertenpolitik in Deutschland im Einklang mit der UN BRK weiterentwickelt werden.

Einrichtungen der Behindertenhilfe beschäftigen sich traditionell mit Problemlagen und Lebenswelten von Menschen mit Beeinträchtigungen. Neben der Beratung und Betreuung von Menschen mit Beeinträchtigung besteht vor allem der Bedarf, ein inklusives Gemeinwesen zu entwickeln (Rohrmann et al. 2010, S. 6). Historisch gewachsene Strukturen im Hilfe- und Unterstützungssystem, die Menschen mit Behinderung eine selbstbestimmte und gleichberechtigte gesellschaftliche Teilhabe bisher erschwert haben, sollen aufgebrochen werden. Auf der Ebene sozialer Organisationen bedeutet Inklusion, dass niemand von vornherein ausgeschlossen wird. Dies umfasst alle Lebensphasen: Eltern setzen sich in Kita und Schule dafür ein, dass behinderte und nicht-behinderte Kinder gemeinsam spielen und lernen können (Weinbach 2016, S. 12). Studien zeigen, dass vor allem Menschen mit geistiger oder psychischer Behinderung verstärkt Ausgrenzung auf dem Ausbildungs- und Arbeitsmarkt erfahren. Neben beruflichen Hilfs- und Unterstützungsangeboten für die Betroffenen, besteht eine Notwendigkeit bei der Beratung von Arbeitgebern, um die Akzeptanz für die Zielgruppe zu erhöhen (Kardoff et al. 2013, S. 89).

---

[1]Als schwerbehindert gelten Menschen, denen ein Grad von mindestens 50 zuerkannt wurde und denen ein Ausweis ausgehändigt wurde.

## 3.2 Herausforderungen für den Umgang mit Vielfalt

Neben Veränderungen im Leistungsrecht braucht es vor allem innovative pädagogische und sozialarbeiterische Konzepte, damit Menschen mit Beeinträchtigung nicht dauerhaft in Parallelstrukturen wie Förderschulen oder WfbM verbleiben müssen. Konkrete Fragen, die für Diversity Management relevant sind lauten: Welche Strukturveränderungen muss eine Kita für die Aufnahme von Inklusionskindern vornehmen? Wie könnte ein Angebot zur Beratung von Personalverantwortlichen zur Beschäftigung von Menschen mit Behinderung aussehen? Wie gehen wir als Fachkräfte mit beeinträchtigten Arbeitskollegen*innen um?

**Chancengleichheit für Männer und Frauen**

Gender (das soziale Geschlecht) ist eine Kategorie, die sich durch nahezu alle Arbeitsfelder der beruflichen Praxis sozialer Organisationen zieht. Dazu gehören nach dem empfohlenen Gendercurriculum für Soziale Arbeit:

- „Kinder- und Jugendarbeit: sozialräumliche Analysen, Entwicklung von Mädchen- und Jungenarbeit, geschlechterreflektierte Koedukation
- Familienhilfe: die Kritik ungerechter Geschlechterarrangements, die Bekämpfung häuslicher Gewalt an Frauen und Kindern, Täterarbeit
- Soziale Dienste: die Implementierung von Gender Mainstreaming in Organisationen und Hilfeplanungen, in Qualitätsstandards und Controlling-Maßnahmen
- Gesundheitsförderung: die Beachtung geschlechtsspezifischer Gemeinsamkeiten und Unterschiede im Gesundheitsverhalten, in Krankheitsbildern und der Substanzabhängigkeit
- Migrationsarbeit: Unterstützung der Lebensbewältigung von Frauen und Männern mit und ohne Migrationshintergrund in einer Einwanderungsgesellschaft
- Altenarbeit: Akzeptanz gegenüber und Förderung von unterschiedlichen Entwürfen älterer Frauen und Männer in allen Lebenslagen" (Hasenjürgen 2007, S. 2).

Berufe des Sozialwesens finden Ergebnisse der Ungleichheit nicht nur innerhalb sozialer Problemlagen vor, sondern als Teil der Geschlechterordnung selbst, dem sogenannten *doing gender* (Zimmermann und West 1987). Damit ist gemeint, dass durch Sozialisation und gesellschaftliche Zuschreibungsprozesse traditionelle Männer- und Frauenrollen immer wieder hergestellt bzw. reproduziert werden, die letztendlich in das Identitätskonzept jedes einzelnen Individuums integriert werden. Somit spielt die Kategorie „Gender" beim Personal sozialer Einrichtungen eine zentrale Rolle. Fürsorge und der Dienst am Menschen (care work) werden in unserer Gesellschaft als typisch weibliche Tätigkeiten wahrgenommen, im Vergleich zu männlichen Tätigkeiten erfahren sie jedoch oftmals eine Abwertung.

Frauen sind mit 44 % in Leitungspositionen des Gesundheits- und Sozialwesens nur unterproportional vertreten, während ihr Anteil in der Branche fast 80 % beträgt (Mischke und Wingerter 2012, S. 27), im Elementarbereich beträgt ihr Anteil fast 95 % (Statistisches Bundesamt 2017). In Spitzenfunktionen wie z. B. Vorständen von Wohlfahrtsverbänden findet man sie nur vereinzelt. So kommt Wallner (2008, S. 43) zum Ergebnis, dass die Soziale Arbeit „immer noch weitgehend Frauenarbeit in Männerregie" sei. Männer etablieren sich vor allem in der Führung, der Politik und hierarchisch leitenden Positionen, während Frauen in der praktischen Arbeit zu finden sind.

Benachteiligungen erleben Frauen vor allem bei der Entlohnung, den Aufstiegsmöglichkeiten und dem faktischen Ausschluss aus bestimmten Arbeitsfunktionen. Sozialpädagoginnen verdienen bei gleicher Humankapitalausstattung 13,4 % weniger als Sozialpädagogen, was im Mittel einen Einkommensnachteil von 413 EUR ausmacht (Bispinck et al. 2012, S. 11).

Eine zentrale Herausforderung für Einrichtungen des Sozialwesens ist es somit, den Zugang für Frauen in Führungspositionen zu ermöglichen sowie Lohngleichheit zwischen Frauen und Männern herzustellen.

**Ältere Menschen**
Im Zuge der demografischen Entwicklung mit sinkenden Geburtenzahlen und gleichzeitig steigender Lebenserwartung leben immer mehr ältere Menschen in unserer Gesellschaft. Arbeitsfelder der Sozialwirtschaft wie die soziale Altenhilfe, die kommunale Altenhilfeplanung, die Pflege sowie die Mehrgenerationenarbeit werden zunehmend an Bedeutung gewinnen. Diversity Management für die Kategorie „Alter" richtet sich auf die Herstellung der sozialen Teilhabe älterer Menschen und das Zusammenleben von jungen und alten Menschen.

Angesichts des Fachkräftemangels, der in vielen Branchen wie z. B. der Pflege bereits bundesweit flächendeckend vorhanden ist, müssen sich Organisationen der Sozialwirtschaft auf alternde Belegschaften einstellen. Für das Personalmanagement von Organisationen der Sozialwirtschaft ergeben sich heraus vielfältige Handlungsbedarfe.

- Einrichtungen und Träger, die bereits einen spürbaren Fachkräftemangel verzeichnen müssen sich auf eine älter werdende Belegschaft einstellen. Das Management muss sich überlegen, wie gesundes und motiviertes Arbeiten bis ins hohe Erwerbsalter hinein gewährleistet werden kann (Sporket 2010,

## 3.2 Herausforderungen für den Umgang mit Vielfalt

S. 164). Das gilt insbesondere für körperlich anstrengende Berufe wie die Altenpflege, aber auch für soziale Berufe, in denen die Mitarbeiter*innen großen psychischen Belastungen ausgesetzt sind. Im Zentrum steht die Frage, wie die Beschäftigungsfähigkeit der Mitarbeiter*innen langfristig erhalten werden kann. Dazu müssen Lern- und Entwicklungsprogramme für alle Altersgruppen angeboten werden.

- Wissens- und Erfahrungsverluste durch ausscheidende Mitarbeiter*innen: Organisationen mit einer altershomogenen Belegschaft stehen vor der Herausforderung, dass nicht ausreichend jüngere Mitarbeiter*innen als Nachfolger zur Verfügung stehen, um das Wissen der ausscheidenden Kollegen*innen zu übernehmen.
- Generationenvielfalt: Die Zusammenarbeit von jüngeren und älteren Mitarbeiter*innen in einem Team kann zu Konflikten führen, wenn zwischen den Generationen unterschiedliche Werte und Einstellungen vorliegen. Studien haben belegt, dass jüngere Generationen (Millenials, Generation X) einen offeneren Führungsstil bevorzugen, weniger karriereorientiert und dafür mehr auf Freizeitausgleich bedacht sind als die Generation der Babyboomer, die demnächst in den Ruhestand geht (Oertel 2014, S. 51 f.). Leitungskräfte sollten sich deshalb Maßnahmen zur Förderung des generationenübergreifenden Zusammenarbeitens sowie Maßnahmen zur Vereinbarkeit von Beruf und Familie anbieten.
- Generationenbeziehungen in der Beratungssituation: Ähnlich wie das Geschlecht ist auch das Lebensalter eine Dimension, an der sich Menschen im Zusammenleben orientieren. Damit ist auch Alter eine Kategorie, die in Beratungsgesprächen zu Ungleichheiten beitragen kann (Aner 2010, S. 197). Kirsten Aner hat unter dem Begriff „Age Troubles" asymmetrische Konstellationen zwischen Fachkräften und Klienten*innen beschrieben, nämlich dann, wenn eine Fachkraft in der ersten Lebenshälfte eine*n ältere*n Klienten*in berät (ebd., S. 203). Dies kann dazu führen, dass die ältere Person aufgrund des Senioritätsprinzips die Professionalität der jüngeren Fachkraft nicht anerkennt. Oder dass die jüngere Fachkraft Schwierigkeiten hat, sich in die Lebenssituation der*s älteren Klienten*in einzufühlen.

**Sexuelle Orientierung**
Die Kategorie der sexuellen Orientierung gerät erst seit wenigen Jahren in den Fokus der wissenschaftlichen und medialen Aufmerksamkeit. Auch wenn das Gesetz der gleichgeschlechtlichen Lebenspartnerschaften in Deutschland bereits seit 2001 in Kraft trat und Diskriminierung aufgrund der sexuellen Orientierung als Kerndimension im AGG verankert wurde, sind es aktuelle vor allem in den

USA geführte Diskurse zu Lesbians, Bisexuals, Gays, Transgender (LBGT), die das Postulat der Heteronormativität, d. h. der vorherrschenden Norm der Zweigeschlechtlichkeit, infrage stellen (Hartmann 2016, S. 107). Diversity Management in der Arbeitswelt kommt dann die Aufgabe zu, die in der Gesellschaft allgegenwärtige Norm der Heteronormativität nicht nur zu thematisieren, sondern auch zu überwinden.

In der Arbeit mit Klienten*innen geht es um eine Ausweitung und Neubewertung des Familienbegriffs, der längst nicht mehr der typischen Vater-Mutter-Kind-Familie entspricht. Das betrifft z. B. Diskriminierungserfahrungen, die Kinder aus sogenannten „Regenbogenfamilien" in der Schule machen (Hartmann 2016, S. 113), die Unterstützung von Jugendlichen beim Coming Out oder den Umgang mit Homophobie und Transphobie in der Jugendarbeit.

Fachkräfte des Sozialwesens müssen sich auf die Vielfalt sexueller Orientierungen und damit verbundene Identitäten und Lebensentwürfe einstellen. Im Alltag kann es sowohl bei geschlechtshomogenen als auch gegengeschlechtlichen Arbeitsbeziehungen zu Abgrenzungsproblemen, Zielunklarheit, Machtgefälle, Übergriffen und Gewalt kommen (Schmauch 2003, S. 3).

Homosexuelle Frauen und Männer in sozialen Berufen müssen sich mit Reaktionen von außen wie Homophobie und Coming Out-Risiken auseinandersetzen und gleichzeitig eigene Bezüge und Verstrickungen als Folge der Zugehörigkeit einer diskriminierten Minderheit erkennen. Homosexuelle männliche Erzieher und Sozialarbeiter haben häufig mit dem Vorurteil der Pädophilie zu kämpfen. Schmauch äußert die Befürchtung, dass sich schwule und lesbische Fachkräfte im Sozialwesen aufgrund der äußeren und inneren Zwänge „besonders defensiv, anpassungsbereit, aufopferungsvoll und wenig arbeitnehmerorientiert verhalten" (ebd., S. 4).

Wie die Darstellung gezeigt hat, ergeben sich Herausforderungen für Diversity Management in Organisationen des Sozialwesens auf zwei Ebenen: Als Erbringer von personenbezogenen Dienstleistungen müssen Fachkräfte in der Lage sein, mit sozialen Benachteiligungen, Ausgrenzungen und Negativbewertungen umzugehen, ohne ihre Klienten*innen oder Patienten*innen in „gruppenbezogene Schubladen" (Leiprecht 2011, S. 8 f.) zu stecken. Diesen von *außen* herangetragenen Anforderungen kann ein modernes Diversity Management durch den Aufbau von *Diversity-Kompetenz* im Rahmen des professionellen Handelns begegnen. Zur Begrenzung von Konflikten und aktiven Förderung der Potenziale *innerhalb* der Organisation sollte Diversity Management systematisch in alle Handlungsfelder der Personalarbeit integriert werden (s. Kap. 3).

Zusammenfassend sprechen folgende Argumente für Diversity Management in sozialen Organisationen:

- „Doing the right thing" – der Anreiz moralisch und ethisch korrekt zu handeln. Dahinter steckt die Überzeugung, Prinzipien von Gleichheit und Gerechtigkeit in der Organisation zu verankern (Mor Barak 2000, S. 342).
- Die Anpassung an eine zunehmend vielfältigere Belegschaft. Vor dem Hintergrund des drohenden Fachkräftemangels müssen sich Organisationen der Sozialen Arbeit auf älter werdende Belegschaften einstellen, Personengruppen rekrutieren, die bisher weniger im Fokus standen sowie Anreize schaffen, ihre Mitarbeiter*innen langfristig zu binden.
- Die Anpassung an eine vielfältigere Klientel. Die Herstellung von gesellschaftlicher Teilhabe für Frauen, Migranten*innen, Ältere, LGBT oder Menschen mit Behinderungen erfordert eine zunehmend differenzierte Betrachtung. Dabei müssen auch Problemlagen entlang mehrerer Differenzlinien in den Blick genommen werden, wie z. B. die Lebenslage einer älteren Migrantin, die ggf. Diskriminierungserfahrungen als Migrantin, als Frau und als Ältere macht.
- Die Realisierung von Wettbewerbsvorteilen gegenüber anderen Organisationen. Dabei liegt der Fokus auf der Steigerung der Wettbewerbsfähigkeit *und* der Förderung sozialer Gerechtigkeit (Mor Barak 2000, S. 344; Sepehri und Wagner 2002, S. 122).
- Vorgaben von Zuwendungsgebern und Auftraggebern. Antragsteller für EU-Projekte müssen dezidiert nachweisen, wie sie die Querschnittsthemen Gender und Antidiskriminierung sowohl auf Organisations- als auch Projektebene berücksichtigen.

## 3.3 Bezug zu Diversity-Konzepten in der Sozialen Arbeit und Sozialpädagogik

Der Umgang mit Differenz, Ungleichheit, Diskriminierung und Ausgrenzung von Individuen, Familien und Gruppen ist ein originäres Prinzip der Sozialen Arbeit. Diversitätsbewusste Soziale Arbeit beschäftigt sich mit Strukturen und Prozessen, die soziale Unterschiede und Ungleichheiten hervorbringen und reproduzieren, die sich gleichwohl aber auch wechselseitig bedingen und verstärken (Scherr 2011, S. 79). Im Folgenden werden populäre Diversitätskonzepte des Sozialwesens wie interkulturelle Öffnung, Gender Mainstreaming, Inklusionsarbeit oder Mehrgenerationenarbeit vorgestellt und in Bezug zum eher strategisch orientierten Diversity Management gesetzt.

**Gender Mainstreaming**
Mit dem Vertrag von Amsterdam wurde *Gender-Mainstreaming* eine zentrale Strategie der Europäischen Union und damit auch verpflichtend für die politischen Institutionen aller Mitgliedsstaaten. Gender Mainstreaming verfolgt das Ziel, alle Strukturen, Entscheidungsprozesse und Abläufe in Politik und Verwaltung so zu gestalten, dass die unterschiedlichen Lebenssituationen und Interessen von Frauen und Männern auf allen Ebenen berücksichtigt werden. Als konzeptionelles Instrument der Organisationsentwicklung zielt Gender Mainstreaming auf die Veränderung der Organisationskultur und Entscheidungsprozesse. Damit wird Frauenförderung um eine weitreichende Strategie ergänzt, indem Rahmenbedingungen, die auf beide Geschlechter wirken, in den Blick genommen und verändert werden (Stiegler 2008, S. 19). Ein Vorteil von Gender Mainstreaming besteht auch darin, die eher defizitäre Sichtweise von Frauenförderung auf das, was Frauen angeblich an Durchsetzungsvermögen oder Machtpotenzialen fehlt, aufzugeben. Entscheidungen werden von oben nach unten (top down) in der Organisation umgesetzt, aber von unten nach oben (bottom up) vollzogen. Chancengleichheit soll nicht mehr allein über Interventionen durch Gleichstellungsbeauftragte sichergestellt werden, sondern als Querschnittsaufgabe in sämtliche Entscheidungen und Prozesse der Organisation verankert werden. Zum Einsatz kommen analytische Instrumente wie nach Geschlechtern aufgeschlüsselte Statistiken oder Kosten- und Leistungsanalysen, anhand derer die Auswirkung von Strukturen und Programmen auf Männer und Frauen überprüft werden. In der Praxis wird Gender Mainstreaming in Ministerien, Behörden, kommunalen Verwaltungen, Vereinen, Verbänden, Hochschulen und Schulen, jedoch weniger in der Privatwirtschaft eingesetzt (ebd., S. 20 f.).

Genau wie Diversity Management geht Gender Mainstreaming über eine defizitorientierte Perspektive der Förderung einer benachteiligten Zielgruppe hinaus und wirkt stattdessen auf eine Veränderung von Strukturen und Prozessen hin. Diversity Management nimmt dagegen mehrere Kategorien in den Blick, allerdings besteht die Gefahr der Vernachlässigung einer Kategorie zulasten einer anderen, z. B. von Gender, wenn der Fokus auf Migrationshintergrund oder Alter gelegt wird. Ein Vergleich der Konzepte Gender Mainstreaming und Diversity Management findet sich bei Bendl 2004.

**Interkulturelle Öffnung**
*Interkulturelle Öffnung* ist ein Ansatz der Organisationsentwicklung mit dem Ziel, Hindernisse für kulturelle oder ethnische Minderheiten abzubauen und um Organisationen, Einrichtungen und Unternehmen auf die Herausforderungen der Globalisierung und Zuwanderung vorzubereiten (IQ Consult 2011, S. 8). Seit den

## 3.3 Bezug zu Diversity-Konzepten in der Sozialen Arbeit und ...

1990er Jahren wird interkulturelle Öffnung als politische Vorgabe des Nationalen Integrationsplans vor allem in der öffentlichen Verwaltung, Sozialen Diensten, im Gesundheitssektor, Schulen sowie Bildungs- und Kultureinrichtungen umgesetzt. Der Schwerpunkt des Konzeptes liegt auf Prozessen der Selbstreflexion und der Veränderung von individuellen Haltungen zu den Themen Migration, Fremdenfeindlichkeit und Rassismus. Interkulturelle Öffnung verbindet Organisationsentwicklung mit der Arbeit an gesellschaftlichen Veränderungen und fachlichen Konzepten interkultureller Arbeit als Reaktion auf politische Prozesse der Globalisierung. Gleichzeitig verweist das Konzept auf Komplikationen aufgrund von möglichen Verschränkungen zwischen politischen Vorgaben von außen und Organisationsinteressen (Tuschinsky 2013, S. 18 f.).

Maßnahmen der interkulturellen Öffnung richten sich an Migranten*innen, Flüchtlinge, Aussiedler*innen, ethnische Minderheiten oder ausländische Wirtschaftspartner*innen. Vor allem kommunale Einrichtungen und öffentliche Verwaltungen wie z. B. die Bundesagentur für Arbeit wollen mit interkultureller Öffnung einen professionellen Umgang mit kultureller Vielfalt herstellen, Zugangsbarrieren zu Versorgungsstrukturen abbauen und eine bessere gesellschaftliche Teilhabe für Menschen mit Migrationshintergrund ermöglichen. Dazu müssen innerhalb der Organisation Aufbau, Ablauf und Arbeitsprozesse verändert werden und nach außen Vernetzungs- und Kooperationsstrukturen geschaffen werden. Maßnahmen hierfür sind z. B. die Verabschiedung eines interkulturellen Leitbilds, die fachliche Qualifizierung von Mitarbeiter*innen sowie die Anleitung zur Selbstreflexion und der Auseinandersetzung mit Diskriminierung, Rassismus und Machtstrukturen (Handschuck und Schröer 2011, S. 209 ff. und S. 231 ff.).

Kritiker der interkulturellen Öffnung verweisen auf eine mangelhafte fachliche Fundierung des Konzepts, was zu Beliebigkeit in der Ausrichtung führen könnte, denn es bleibt offen, wie interkulturelle Öffnung überhaupt hergestellt werden kann und welche übergeordneten Ziele damit angestrebt werden sollen (Lima-Curvello 2007, S. 1). Auch der Kulturbegriff selbst bleibt unscharf. Menschen mit Migrationshintergrund werden als „Fremde" konstruiert, obwohl sie schon in der dritten Generation in Deutschland leben (Pecenca 2013, S. 15). Trainings zum Erwerb von interkultureller Kompetenz seien oft schematisch, praxisfern und berücksichtigen zu wenig Erfahrungen aus dem jeweiligen Arbeitsfeld. Sie richteten sich außerdem oft nur an Mitarbeiter*innen, die Publikumsverkehr haben (Lima-Curvello 2007, S. 2). Strukturelle Veränderungen sind darüber hinaus in öffentlichen Verwaltungen oftmals nur langsam umsetzbar und werden oftmals erst im Konfliktfall in Angriff genommen (Tuschinksy 2013, S. 20).

**Inklusionsarbeit**
Der Begriff der *Inklusion* geht auf Talcott Parsons und Niklas Luhmann zurück und beschreibt in der Soziologie die Beteiligung bzw. den Einschluss bislang ausgeschlossener Akteure in gesellschaftliche Systeme (Windolf 2009, S. 17). Als normatives Leitziel bedeutet Inklusion bestehende Strukturen, Abläufe und Prozesse so zu verändern, dass eine gleichberechtigte Teilhabe für alle Menschen in sämtlichen Lebensbereichen möglich wird. Betont wird der Aspekt, dass Unterstützung und Ressourcen für alle zur Verfügung stehen sollen. In der Fachliteratur des Sozialwesens wird Inklusion nahezu ausschließlich im Zusammenhang mit der gesellschaftlichen Teilhabe von Menschen mit Behinderung verwendet. Behinderung ist jedoch nur eine Dimension neben vielen anderen von gesellschaftlicher Heterogenität. Gesellschaftliche Rahmenbedingungen und Strukturen müssen demnach so verändert werden, dass die Teilhabe für alle Menschen realisiert werden kann (Doose 2012, S. 69). In Kitas, Schulen oder offenen Freizeiteinrichtungen setzt Inklusion die Umgestaltung der räumlichen und sozialen Umwelt voraus, was oftmals die komplette Umgestaltung des pädagogischen Konzeptes nach sich zieht. So müssen Kitas beispielsweise Barrieren wie Treppen, fehlende Sprachkenntnisse oder die Nichtbeteiligung durch andere Kinder abbauen. Jedes Kind soll teilhaben und mitbestimmen können. Kinder mit Behinderung oder traumatisierte Flüchtlingskinder mit fehlenden Deutschkenntnissen dürfen nicht die gesamte Aufmerksamkeit der Erzieher*innen auf sich lenken. Beim Raum- und Spielmaterialkonzept ist zu überlegen, wie die Bedürfnisse sowohl für ein Kind im Rollstuhl als auch für ein sehbehindertes Kind aussehen. Die Kita braucht für die Umsetzung mehr Personal, fachliche Schulungen sowie Veränderungen in der Organisationsstruktur durch neue fachliche Anforderungen, verstärkte Arbeit im Sozialraum durch Vernetzung mit Fachdiensten, Ausdifferenzierung des Bildungsangebots und Intensivierung der Arbeit des Elternbeirats.

Dies lässt sich durch folgenden Erfahrungsbericht einer Leiterin einer Inklusionskita in Frankfurt/Oder veranschaulichen:

**Überblick**
„Nora ist ein schwerstmehrfachbehindertes Kind, unter anderem hat sie Epilepsie unklarer Genese und eine geistige Behinderung. Besonders schwierig ist, dass Nora sehr häufig epileptische Anfälle bekommt, die sich in keiner Weise vorher ankündigen. Innerhalb von drei Minuten verabreichen wir in diesen Momenten Medikamente, nach fünf Minuten nochmals und wenn dann keine Besserung eingetreten ist, rufen wir den Notarzt. Als Nora zu uns kam, wurde sie in unserer Kuschelgruppe gemeinsam mit 11 Kindern

im Alter von null bis zwei Jahren betreut, zwei weitere Kinder hatten einen erhöhten Förderbedarf. Drei Erzieherinnen bzw. Heilpädagoginnen betreuten und förderten die Kinder. Solange Nora in dieser Gruppe betreut wurde, konnten wir gut auf ihre besonderen Bedürfnisse eingehen, denn von den drei Mitarbeiterinnen kümmerte sich immer eine um Nora.

Als Nora älter als zwei Jahre war, sollte Nora die Gruppe wechseln. Dort wurden 15 Kinder, von denen vier weitere Kinder einen erhöhten Förderbedarf aufwiesen, von zwei Erzieherinnen bzw. Heilpädagoginnen betreut und gefördert. Schnell wurde klar, dass eine Noras Bedürfnissen entsprechende Förderung innerhalb dieser Gruppe nicht möglich war. Eine zusätzliche Einzelfallhilfe für Nora genehmigt zu bekommen, erwies sich als extrem schwierig. Seitens der Behörden wurden wir u. a. mit der Aussage konfrontiert: „Wenn das Kind so schwer behindert ist, dann muss es eben stationär untergebracht werden."

Die Einzelfallhilfe für Nora wurde nach einem langwierigen und zeitaufwendigen „Kampf" mit 20 h wöchentlich dann befristet für ein Jahr bewilligt. Jedes Jahr muss sie neu beantragt werden. Nora ist jetzt im letzten Jahr in der Kita. Eine intensive Zusammenarbeit mit den Eltern, allen Therapeuten, Ärzten, der Reha-Klinik und nicht zuletzt der täglichen Förderung in der Kita bewirken kontinuierliche Erfolge. So braucht Nora zwar bis zum heutigen Tag die permanente Beobachtung wegen der häufig auftretenden Krampfanfälle. Sie hat aber ihren Tagesrhythmus gefunden: Das Miteinander im Gruppenleben toleriert sie über einen längeren Zeitraum nicht nur, sondern verfolgt es interessiert. In ihrer Kindergruppe ist sie voll integriert, sie wird von den Kindern in vielen Aktivitäten einbezogen, wie z. B. Anschauen von Büchern, Vorsingen, Vortanzen, Theaterstücke vorzeigen u. v. m."
(Quelle: Wörtlicher Auszug Böttcher et al. 2015, S. 18).

**Mehrgenerationenarbeit**
Vor dem Hintergrund des demografischen Wandels werden innovative Wohn- und Versorgungsformen wie z. B. Wohngemeinschaften für Demenzkranke oder integrierte Mehrgenerationenhäuser erprobt (vgl. hierzu z. B. die Studie von Schulz-Nieswandt et al. 2012), damit ältere Menschen möglichst lange eigenständig im häuslichen Umfeld leben können. Darüber hinaus wurden mit dem Bundesprogramm „Mehrgenerationenhäuser" Begegnungsorte für gemeinsame Aktivitäten und nachbarschaftliches Miteinander von jüngeren und älteren Menschen geschaffen. In Deutschland nehmen inzwischen 550 Häuser am Bundesprogramm Mehr-

generationenhäuser teil und bieten mehr als 12.000 Angebote und Dienstleistungen, die jeweils am lokalen Bedarf orientiert sind, an. Die als offene Treffpunkte konzipierten Häuser haben sich aus ehemaligen Seniorentreffs, Familien- oder Mütterzentren entwickelt. Alt und Jung sollen sich gegenseitig helfen und unterstützen: Beispiele hierfür sind Hausaufgabenhilfe oder Kinderbetreuung von älteren Menschen, die so ihre Lebenserfahrung weitergeben können einerseits oder die Unterstützung älterer Menschen durch Einkaufs- und Pflegetätigkeiten andererseits. In den Mehrgenerationenhäusern finden auch Dienstleistungs- und Freiwilligenbörsen sowie Bildungs- und Beratungsangebote statt (DStGB und BMAS 2014, S. 7).

Es zeigt sich, dass sich Handlungsansätze im Sozialwesen wie Fürsorge, Pflege, Hilfe oder Beratung traditionell mit der Überwindung von Benachteiligung und Ausgrenzung befassen. Die professionelle Bearbeitung dieser Problemlagen durch Fachkräfte im Gesundheits- und Sozialwesen bedeutet jedoch nicht, selbst frei von Vorurteilen und diskriminierenden Praktiken zu sein. Damit entsteht die Notwendigkeit, diese Herausforderungen auf der organisationalen Ebene zu bearbeiten.

Die vorgestellten diversitätsbezogenen Konzepte erlauben eine organisationale Bearbeitung der Problemlagen und verschieben den Fokus weg von Minderheitskulturen, Sonderwegen und einer defizitorientierten Perspektive von Mädchen, Frauen, Migranten*innen, Senioren*innen oder Menschen mit Behinderung hin zu Akzeptanz und Förderung von Vielfalt als Querschnittsaufgabe (Schröer 2007, S. 4).

Diversity Management ermöglicht eine ganzheitliche Sichtweise auf komplexe Problemlagen, ohne sich von vornherein auf eine Kategorie festzulegen. Als Leitstrategie zur Förderung von Vielfalt hat Diversity Management das Potenzial, die vorgestellten Ansätze und Instrumente systematisch miteinander zu verbinden bzw. sie zur Konkretisierung von Diversity-Zielen und -Inhalten zu integrieren. Durch eine systematische Verankerung in den Strukturen der Organisation, z. B. in Führungsgrundsätzen, Arbeitsanweisungen, Regeln zur Rekrutierung oder in Aus- und Weiterbildung gelangt die Akzeptanz und Förderung von Vielfalt in alle Bereiche der Organisation. Das Gelingen von Diversity hängt damit nicht mehr vom Engagement einzelner Beschäftigter ab, sondern verschiebt die Verantwortlichkeit in den Kontext der gesamten Organisation (Leiprecht 2008, S. 19).

## 3.4 Kritik an der ökonomischen Ausrichtung von Diversity Management

In der Literatur der Sozialen Arbeit und Sozialpädagogik wird Diversity Management vielfach kontrovers als Konzept der Ökonomisierung diskutiert, das nur den wirtschaftlichen Nutzen im Blick habe. Die wichtigsten Argumente ihrer Vertreter*innen sollen an dieser Stelle kurz aufgelistet werden:

## 3.4 Kritik an der ökonomischen Ausrichtung von Diversity Management

- **Dominanz der Logik des Marktes:** Diversity Management stammt ursprünglich aus der Privatwirtschaft, deshalb stehen ökonomische und gewinnorientierte Interessen im Vordergrund (Mecheril und Vorrink 2012, S. 94). Mit dem Business Case von Diversity Management besteht die Gefahr, dass Vielfalt nur dann gefördert wird, wenn es sich rechnet. Gerechtigkeit und Solidarität stehen erst an zweiter Stelle (Rastetter und Dreas 2016, S. 321). Die als pädagogisch oder sozialarbeiterisch relevant angesehene Vielfalt sollte nicht der Notwendigkeit organisationaler Geschäftsführungs- und Optimierungsprozesse unterworfen werden (Mecheril und Vorrink 2012, S. 94).
- **Gefahr der Entpolitisierung:** Wenn Vielfalt zur Unternehmensstrategie wird, erscheint Ungleichheit nicht mehr als Problem. Interessensgegensätze und Machtasymmetrien werden ausgeblendet (Mecheril und Vorrink 2012, S. 95). Dagegen lässt sich anführen, dass die Einführung von Diversity Management selbst als politische Strategie gesehen werden kann. So haben es Gleichstellungsakteure leichter, ihre Ziele zu erreichen, wenn sie in ein betriebswirtschaftliches ausgerichtetes Konzept oder in einen Diskurs von Unternehmensethik eingebettet werden (Rastetter und Dreas 2016, S. 326).
- **Unterschiedliche Wertigkeiten:** Bei der Durchsicht der Literatur zu Diversity Management fällt auf, dass die Dimensionen Geschlecht und Alter dominieren. Mit der UN-Behindertenrechtskonvention ist das Thema „Inklusion von Menschen mit Behinderung seit einigen Jahren en vogue. Dagegen finden sich wenige Praxisbeispiele zu LGBT. Eine Kategorie, die sich anders als Alter oder Behinderung häufig der öffentlichen Wahrnehmung entzieht – nach wissenschaftlichen Schätzungen identifiziert sich in den USA jeder 137. Jugendliche zwischen 13 und 17 Jahren als Transgender (Chokshi 2017). Wer definiert, was als Problem von Vielfalt bearbeitet werden soll? Diversity Management muss sich deshalb Potenziale erschließen, die bislang unsichtbar und vernachlässigt waren (Rastetter und Dreas 2016, S. 327).
- **Theoretische Vereinfachung:** Diversity Management kann auf kein einheitliches Theoriegerüst zurückgreifen. Was als Behinderung gilt oder wer zu Anspruchsberechtigten einer Integrationsmaßnahme wird ist nicht vorgegeben, sondern wird gesellschaftlich bzw. politisch definiert. Intersektionalität, also die verstärkende und wechselseitige Wirkung mehrerer Kategorien erscheint in diesem Zusammenhang als möglicher Zugang (Mecheril und Vorrink 2012, S. 96). Hier besteht jedoch auch die Chance für Organisationen, ihrer eigenen Vielschichtigkeit in der Praxis gerecht zu werden (Rastetter und Dreas 2016, S. 328).

- **Tendenzen der Egalisierung:** Die Fokussierung auf die positiven Aspekte und Potenziale von Vielfalt birgt die Gefahr, vorherrschende Macht-und Herrschaftsverhältnisse auszublenden. (Mecheril und Vorrink 2012, S. 95). Umso mehr scheint es geboten, Experimentierräume sowohl für individuelle als auch organisationale Lern- und Reflexionsprozesse bereit zu stellen.
- **Diversity Management als Modetrend:** Organisationen entscheiden sich für Diversity Management als Aushängeschild oder Legitimitätsfassade, weil es nach außen mehr Glaubwürdigkeit erzeugt (Süß und Kleiner 2006). Mecheril und Vorrink kritisieren die Einrichtung symbolischer Funktionsstellen wie z. B. von Diversity-Beauftragten oder die Zuweisung von Diversity-Expertise an die Kollegin mit Migrationshintergrund, wenn gleichzeitig die Ungleichheit verursachenden Strukturen unangetastet bleiben (Mecheril und Vorrink 2012, S. 97). Allerdings kann Diversity Management auch über Symbolpolitik oder den Weg von außen, z. B. durch den Druck der Öffentlichkeit Eingang in die Organisation finden.

Trotz berechtigter Kritik ist Diversity Management ein ganzheitlicher Ansatz, der alle Bereiche der Organisation systematisch mit einbezieht. Allerdings kann das Konzept nur funktionieren, wenn das professionelle Fachpersonal ein Mitspracherecht erhält und zur Beseitigung von Missständen und Mängeln einbezogen wird (Leiprecht 2008, S. 19). Somit lässt sich festhalten, dass Diversity Management sowohl auf organisationaler Ebene der Führungskräfte sowie auf individueller Ebene der Mitarbeiter*innen umgesetzt werden sollte. Die Integration von Ungleichheit und Differenz in ökonomische Prozesse ist positiv zu sehen und ein Zeichen dafür, dass Diversity Management ernst genommen und nicht in eine Unterabteilung des Personalmanagements abgeschoben wird (Rastetter und Dreas 2016, S. 330). Diversity Management kann damit als Bindeglied zwischen Wirtschaftlichkeit, Chancengleichheit und Fachlichkeit gesehen werden.

## 3.5 Verbreitung von „Diversity Management" in der Sozialwirtschaft

In Deutschland haben sich Ende der 90er Jahre vor allem große gewinnorientierte Unternehmen, davon viele US-amerikanisch geführte Konzerne mit Diversity Management befasst. Eine Befragung von 72 Personalverantwortlichen von gewinnorientierten Unternehmen gibt Aufschluss über die Schwerpunkte von Diversity Management: 46 % der Befragten bezeichnen den Stellenwert von Diversity Management als „groß" oder „sehr groß". 75 % der Unternehmen verfolgen Ziele im Bereich Geschlechter-Diversity, 44,6 % im Bereich Alters-Diversity und 37,5 % im Bereich ethnische Diversity (Deloitte und Universität

## 3.5 Verbreitung von „Diversity Management" in der Sozialwirtschaft

Köln 2013, S. 7). Diese Ergebnisse korrespondieren mit Befunden einer Studie der Bertelsmann-Stiftung, nach der für Unternehmen in Deutschland vor allem die Kategorie Geschlecht eine zentrale Rolle spielt, gefolgt von den Dimensionen Kultur/Nationalität und Alter. Behinderung und sexuelle Orientierung spielen dagegen eine eher untergeordnete Rolle (Köppel et al. 2014, S. 7).

Eine genaue Bestandsaufnahme über die Verbreitung von Diversity Management in der Sozialwirtschaft gestaltet sich als schwierig, da es keine einheitliche Branchenbezeichnung für Organisationen der Sozialwirtschaft gibt. Das WZB identifiziert für Organisationen des Dritten Sektors in Abgrenzung zu Markt und Staat etwa 600.000 Organisationen mit mehr als 2,6 Mio. Beschäftigten (Priller et al. 2012, S. 9). Dazu zählen Non-Profit-Organisationen wie gemeinnützige Vereine, gGmbHs und Stiftungen. Eine Studie der Prognos AG im Auftrag der Friedrich-Ebert-Stiftung schätzt den Sektor der Sozialwirtschaft auf 4,4 Mio. Beschäftigte (Ehrentraut et al. 2014, S. 2).[2] Allein die Einrichtungen und Dienste der Freien Wohlfahrtspflege beschäftigen knapp 1,7 Mio. Arbeitnehmer*innen (BAGFW 2012, S. 14). Damit zählt die Sozialwirtschaft inzwischen zu einem der größten Wirtschaftsbereiche in Deutschland.

Auf der Website „Charta der Vielfalt", einer Unternehmensinitiative zur Förderung von Vielfalt in Unternehmen, finden sich im Juli 2018 insgesamt 2826 Mitglieder, die Maßnahmen zur Anerkennung von Vielfalt in der Unternehmenskultur umsetzen, darunter 526 Organisationen aus der Rubrik „Vereine, Verbände, Stiftungen" (Charta der Vielfalt 2018, Abb. 3.1). Zu Diversity Management zählen hier auch die dem Diversity Management ähnlichen Konzepte wie interkulturelle Öffnung, Mehrgenerationenarbeit, Gender Mainstreaming, Inklusion oder gendersensible Jungen- und Mädchenarbeit.

Organisationen der Sozialwirtschaft, wie gemeinnützige Wohlfahrtsorganisationen oder privat-gemeinnützige Anbieter sozialer Dienstleistungen befinden sich vor allem in der Kategorie Soziales und Gesundheit. Dabei sind es zu knapp zwei Drittel kleine Organisationen mit bis zu 50 Beschäftigten, die Diversity Management intern umsetzen (Abb. 3.2).

Eine Studie des WZB hat ergeben, dass 40 % aller Non-Profit-Organisationen weniger als fünf Personen und 87 % weniger als 100 Personen beschäftigen (Priller et al. 2012, S. 15). Große Organisationen mit mehr als 100 Mitarbeiter*innen sind dagegen eher die Ausnahme. Diversity Management für

---

[2]Da sich die Mitglieder bei der Charta der Vielfalt selbst registrieren und zuordnen können, finden sich in den entsprechenden Rubriken auch Organisationen anderer Kategorien. In der Kategorie „Vereine, Verbände, Stiftungen" sind z. B. vereinzelt auch kommerzielle Unternehmen mit der Rechtsform einer GmbH gelistet.

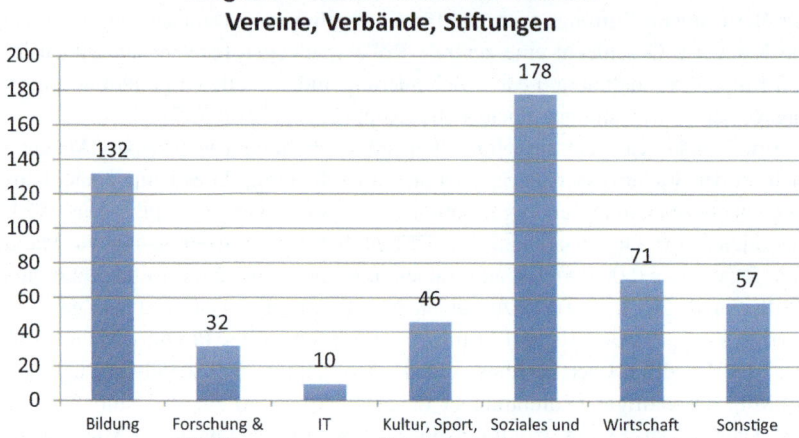

**Abb. 3.1** Mitglieder bei der Charta der Vielfalt (Vereine, Verbände, Stiftungen). (Quelle: Eigene Darstellung [Datengrundlage: Charta der Vielfalt, Stand: Juli 2018])

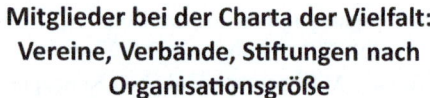

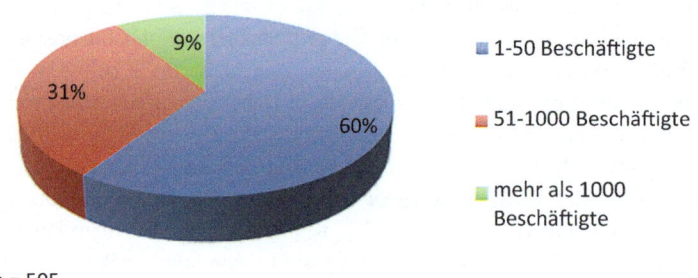

**Abb. 3.2** Mitglieder bei der Charta der Vielfalt (Vereine, Verbände, Stiftungen nach Organisationsgröße). (Quelle: Eigene Berechnung [Datengrundlage: Charta der Vielfalt, Stand: Juli 2018])

die Sozialwirtschaft sollte demnach auf kleine und mittlere Organisationen zugeschnitten werden. Anders als in Großunternehmen der Privatwirtschaft sind die verfügbaren Ressourcen deutlich geringer und Finanzmittel oftmals zweckgebunden zu verwenden. Statt der Einrichtung einer Diversity-Abteilung müssen Diversity-Konzepte in sozialen Organisationen oftmals mit „Bordmitteln" bestritten werden. Im Praxisteil des Buches werden dazu kreative und innovative Ideen vorgestellt.

**Fragen zur Übung und Kontrolle des Lernerfolgs**
1. Vor welchen gesellschaftlichen Herausforderungen in Bezug auf Diversity stehen Organisationen der Sozialwirtschaft in Bezug auf ihre Adressaten*innen und in Bezug auf die eigene Belegschaft?
2. Grenzen Sie Diversity Management von verwandten Konzepten wie interkulturelle Öffnung, Inklusion und Gender Mainstreaming ab.
3. Nennen Sie zentrale Kritikpunkte am Konzept von Diversity Management aus Sicht der Sozialen Arbeit und der Sozialpädagogik.
4. Diskutieren Sie, warum sich Unternehmen in Deutschland überwiegend mit den Kategorien Gender, Alter, Behinderung und ethnische Diversity beschäftigen, dagegen aber kaum mit sexueller Orientierung.

## Literatur

Aner, K. (2010). Generationsbeziehungen in der Sozialen Beratung älterer Menschen. In K. Aner & U. Karl (Hrsg.), *Handbuch Soziale Arbeit und Alter* (S. 195–204). Wiesbaden: VS Verlag für Sozialwissenschaften.
BAGFW (Hrsg.). (2012). *Einrichtungen und Dienste der Freien Wohlfahrtspflege. Gesamtstatistik 2012.* Berlin.
Bendl, R. (2004). Gendermanagement und Gender- und Diversitätsmanagement. Ein Vergleich der verschiedenen Ansätze. In R. Bendl, E. Hanappi-Egger & R. Hofmann (Hrsg.), *Interdisziplinäres Gender- und Diversitätsmanagement. Einführung in Theorie und Praxis* (S. 43–72). Wien: Linde Verlag.
Bispinck, R., Dribbusch, H., Öz, F., & Stoll, E. (2012). Was verdienen Sozialpädagoginnen und Sozialpädagogen? *Projekt Lohnspiegel.de, Arbeitspapier 15, Juni 2012*.
Böttcher et al. (2015). Auf dem Weg zur Inklusion in Kitas. Was wir haben und was wir brauchen. In AWO Landesverband Brandenburg (Hrsg.), *Auf dem Weg zur Inklusion in Kitas. Was wir haben und was wir brauchen*. Potsdam.
Charta der Vielfalt (2018). https://www.charta-der-vielfalt.de/die-charta/. Zugegriffen: 12. Juli 2018.
Chokshi, N. (2017). One in Every 137 Teenagers Would Identify as Transgender, Report Says. *The New York Times*, Feb. 23, 2017.
Cremer, G., Goldschmidt, N., & Höfer, S. (2013). *Soziale Dienstleistungen. Ökonomie, Recht, Politik*. Tübingen: Mohr Siebeck.

Deloitte, & Universität Köln (2013). Talent und diversity management in deutschen Unternehmen. Ausgewählte Studienergebnisse. http://www.deloitte.com/assets/Dcom-Germany/Local%20Assets/Documents/01_Consulting/2013/C-HCAS-Talent-Diversity-Studie-2013.pdf. Zugegriffen: 14.01.2015.

Destatis (2016). 7.6 Millionen schwerbehinderte Menschen leben in Deutschland. Pressemitteilung vom 24. Oktober 2016–381/16.

Doose, S. (2012). *Unterstützte Beschäftigung: Berufliche Integration auf lange Sicht. Theorie, Methodik und Nachhaltigkeit der Unterstützung von Menschen mit Lernschwierigkeiten auf dem allgemeinen Arbeitsmarkt.* 3. Aufl. Marburg: Lebenshilfe-Verlag.

DStGB, & BMAS (2014). Kommunale Impulse generationenübergreifender Arbeit. Hintergründe und Einblicke aus dem Aktionsprogramm Mehrgenerationenhäuser. *DstGB Dokumentation No. 129, Verlagsbeilage „Stadt und Gemeinde INTERAKTIV" 12_2014.*

Ehrentraut, O., Hackmann, T., Krämer, L., & Plume, A.-M. (2014). Ins rechte Licht gerückt: Die Sozialwirtschaft und ihre volkswirtschaftliche Bedeutung. *WISO direkt, März 2014.*

Evers, A., & Ewert, B. (2010). Hybride Organisationen im Bereich sozialer Dienste. Ein Konzept, sein Hintergrund und seine Implikationen. In T. Klatetzki (Hrsg.), *Soziale personenbezogene Dienstleistungsorganisationen* (S. 103–128). Wiesbaden: VS Verlag für Sozialwissenschaften.

Geisen, T., & Ottersbach, M. (2015). Arbeit, Migration und Soziale Arbeit. Herausforderungen und Perspektiven. In T. Geisen & M. Ottersbach (Hrsg.), *Arbeit, Migration und Soziale Arbeit. Prozesse der Marginalisierung in modernen Arbeitsgesellschaften* (S. 1–22). Wiesbaden: Springer VS.

Grunwald K., & Langer, A. (2018). Sozialwirtschaft – eine Einführung in das Handbuch. In K. Grunwald & A. Langer (Hrsg.), *Handbuch der Sozialwirtschaft* (S. 45–64). Baden-Baden: Nomos.

Grunwald, K. (2014). Sozialwirtschaft. In U. Arnold, K. Grunwald & B. Maelicke (Hrsg.), *Lehrbuch der Sozialwirtschaft* (S. 33–62). 4. Aufl. Baden-Baden: Nomos.

Grunwald, K., & Steinbacher, E. (2007). *Organisationsgestaltung und Personalführung in den Erziehungshilfen: Grundlagen und Praxismethoden.* Weinheim u. a.: Juventa.

Handschuck, S., & Schröer, H. (2011). *Interkulturelle Orientierung und Öffnung. Theoretische Grundlagen und 50 Aktivitäten zur Umsetzung.* Hergensweiler: Ziel-Verlag.

Hartmann, J. (2016). doing heteronormativity? Funktionsweisen von Heteronormativität im Feld der Pädagogik. In K. Fereidooni & A. P. Zeoli (Hrsg.), *Diversity Management: Beiträge zur diversitätsbewussten Ausrichtung des Bildungssystems, des Kulturwesens, der Wirtschaft und der Verwaltung* (S. 105–134). Wiesbaden: Springer VS.

Hasenjürgen, B. (2007). Fachspezifische Lehrinhalte der Frauen- und Geschlechterforschung im Fach Soziale Arbeit. https://www.katho-nrw.de/fileadmin/primaryMnt/KatHO/Gentra/Hasenjuergen_Soziale_Arbeit_OA_WEB_G_Frauenforschung2007-01-25.pdf. Zugegriffen: 12. Juli 2018.

IQ Consult (2011). Denkanstösse. Organisationsentwicklung und interkulturelle Öffnung. http://www.netzwerk-iq.de/fileadmin/Redaktion/Downloads/IQ_Publikationen/Thema_Vielfalt_gestalten/2011_Denkansteoesse.pdf. Zugegriffen: 12. Juli 2018.

Kardoff, E., Ohlbrecht, H., & Schmidt, S. (2013). Zugang zum allgemeinen Arbeitsmarkt für Menschen mit Behinderungen. In Antidiskriminierungsstelle des Bundes (Hrsg.), *Zugang zum allgemeinen Arbeitsmarkt für Menschen mit Behinderungen. Expertise im Auftrag der Antidiskriminierungsstelle des Bundes.* Berlin.

# Literatur

Kastl, J. M. (2010). *Einführung in die Soziologie der Behinderung.* Wiesbaden: VS Verlag.

Köbsell, S. (2016). Doing Disability: Wie Menschen mit Beeinträchtigungen zu „Behinderten" werden. In K. Fereidooni & A. P. Zeoli (Hrsg.), *Diversity Management: Beiträge zur diversitätsbewussten Ausrichtung des Bildungssystems, des Kulturwesens, der Wirtschaft und der Verwaltung* (S. 89–103). Wiesbaden: Springer VS.

Köppel, P., Yan, J., & Lüdicke J. (2014). *Cultural Diversity Management in Deutschland hinkt hinterher.* Gütersloh: Bertelsmann Stiftung.

Leiprecht, R. (2011). Einleitung. In R. Leiprecht (Hrsg.), *Diversitätsbewusste Soziale Arbeit* (S. 7–11). Schwalbach/TS: Wochenschauverlag.

Leiprecht, R. (2008). Diversity Education und Interkulturalität in der Sozialen Arbeit. *Sozial Extra, 32,* (S. 15–19). https://doi.org/10.1007/s.12054-008-0102-0.

Lima-Curvello, T. (2007). Interkulturelle Öffnung. Bundeszentrale für politische Bildung. http://www.bpb.de/gesellschaft/migration/dossier-migration/56487/interkulturelle-oeffnung. Zugegriffen: 12. Juli 2018.

Mecheril, P., & Plößer M. (2014). Diversity und Soziale Arbeit. In H.-U. Otto & H. Thiersch (Hrsg.), *Handbuch Soziale Arbeit* (S. 322–331). 5. Aufl. München: Reinhardt.

Mecheril, P., & Vorrink A. (2012). Diversity und Soziale Arbeit – Umriss eines kritisch-reflexiven Ansatzes. *Archiv für Wissenschaft und Praxis der Sozialen Arbeit, 1/2012,* (S. 92–101).

Merchel, J. (2015). *Management in Organisationen der Sozialen Arbeit. Eine Einführung.* Weinheim und Basel: Beltz Juventa.

Mischke, J., & Wingerter, C. (2012). Frauen und Männer auf dem Arbeitsmarkt – Deutschland und Europa. In Statistisches Bundesamt (Hrsg.), *Frauen und Männer auf dem Arbeitsmarkt – Deutschland und Europa.* Wiesbaden.

Mor Barak, M. E. (2000). The inclusive workplace: An eco-systems approach to diversity management. *Social Work 45 (4).*

Oertel, J. (2014). Baby Boomer und Generation X – Charakteristika der etablierten Arbeitnehmer-Generationen. In M. Klaffke (Hrsg.), *Generationen-Management* (S. 28–56). Wiesbaden: Springer VS.

Pecenca, J. (2013). Interkulturelle Öffnung: profillos, kurzsichtig, unnötig? Oder wesentliche Voraussetzung für Professionalität. In Diakonisches Werk Hamburg-West/Südholstein & Flüchtlingsrat Schleswig-Holstein (Hrsg.), *Der MiXXX macht's! – Differenz fair gestalten. Interkulturelle Öffnung und Antidiskriminierung. Hintergrundinformationen, praxisbezogene Berichte und Anregungen für AkteurInnen am Arbeitsmarkt in Schleswig-Holstein* (S. 15–17). Kiel, Norderstedt.

Priller, E. et al. (2012). Dritte-Sektor-Organisationen heute: Eigene Ansprüche und ökonomische Herausforderungen. Ergebnisse einer Organisationsbefragung. Wissenschaftszentrum Berlin für Sozialforschung. https://www.wzb.eu/system/files/docs/ende/zeng/dso_gesamt_finale_23-05-2013_online.pdf. Zugegriffen: 12. Juli 2018.

Rastetter, D., & Dreas, S. (2016). Diversity Management als eine betriebliche Strategie. Zwischen Marktlogik und Fairness. In K. Fereidooni & A. P. Zeoli (Hrsg.), *Managing Diversity. Die diversitätsbewusste Ausrichtung des Bildungs- und Kulturwesens, der Wirtschaft und Verwaltung* (S. 319–339). Wiesbaden: Springer VS.

Rohrmann, A., Schädler, J., Wissel, T., & Gaida, M. (2010). Materialien zur örtlichen Teilhabeplanung für Menschen mit Behinderungen. *ZPE-Schriftenreihe, Nr. 26.*

Scherr, A. (2011). Diversity: Unterschiede, Ungleichheiten und Machtverhältnisse. In R. Leiprecht (Hrsg.), *Diversitätsbewusste Soziale Arbeit* (S. 79–90). Schwalbach/TS: Wochenschau Verlag.

Schmauch, U. (2003). Berufsrolle, sexuelle Orientierung und professionelles Handeln in der Sozialen Arbeit. Überarbeite Fassung des Vortrags, gehalten beim Fachtag des Hessischen Sozialministerium zum Thema Diversity am 25.4.2003 in Wiesbaden. http://www.gleichgeschlechtliche-lebensweisen.hessen.de/global/show_document.asp?id=aaaaaaaaaaaahgj Zugegriffen: 12. Juli 2018.

Schröer, H. (2012). Diversity Management und Soziale Arbeit. *Archiv für Wissenschaft und Praxis der Sozialen Arbeit, 1/2012,* (S. 1–13).

Schröer, H. (2007). Diversity Management und Soziale Arbeit. *BBE Newsletter 20/2007.*

Schulz-Nieswandt, F., Köstler, U., Langenhorst, F., & Marks, H. (2012). *Neue Wohnformen im Alter Wohngemeinschaften und Mehrgenerationenhäuser.* Stuttgart: Kohlhammer.

Sepehri, P., & Wagner, D. (2002). Diversity und Managing Diversity. Verständnisfragen Zusammenhänge und theoretische Erkenntnisse. In S. Peter & N. Bensel (Hrsg.), *Frauen und Männer im Management* (S. 121–139). 2. Aufl. Wiesbaden: Gabler.

Sporket, M. (2010). Alternsmanagement in der betrieblichen Personalpolitik. In B. Badura, H. Schröder & K. Macco (Hrsg.), *Fehlzeiten-Report 2010. Vielfalt managen: Gesundheit fördern – Potenzial nutzen* (S. 163–173). Berlin und Heidelberg: Springer.

Statistisches Bundesamt (2017). Männer im Elementarbereich. Pressemitteilung vom 25.4.2017.

Stiegler, B. (2008). „Heute schon gegendert?" Gender Mainstreaming als Herausforderung für die Soziale Arbeit. In K. Böllert & S. Karsunky (Hrsg.), *Genderkompetenz in der Sozialen Arbeit* (S. 19–28). Wiesbaden: VS Verlag für Sozialwissenschaften.

Süß, S., & Kleiner, M. (2006). Diversity Management: Verbreitung in der deutschen Unternehmenspraxis und Erklärungen aus neoinstitutionalistischer Perspektive. In G. Krell & H. Wächter (Hrsg.), *Diversity Management* (S. 57–80). München und Mering: Hampp.

Tuschinsky, C. (2013). Interkulturelle Öffnung als Instrument der Organisationsentwicklung. In Diakonisches Werk Hamburg-West/Südholstein & Flüchtlingsrat Schleswig-Holstein (Hrsg.), *Der MiXXX macht's! – Differenz fair gestalten. Interkulturelle Öffnung und Antidiskriminierung. Hintergrundinformationen, praxisbezogene Berichte und Anregungen für AkteurInnen am Arbeitsmarkt in Schleswig-Holstein* (S. 18–20). Kiel, Norderstedt.

Wallner, C. (2008). Frauenarbeit unter Männerregie oder Männerarbeit im Frauenland? Einblicke in die Geschlechterverhältnisse sozialer Fachkräfte im Wandel Sozialer Arbeit. In K. Böllert & S. Karsunky (Hrsg.), *Gender Kompetenz in der Sozialen Arbeit* (S. 29–45). Wiesbaden: VS Verlag für Sozialwissenschaften.

Weinbach, H. (2016). *Soziale Arbeit mit Menschen mit Behinderungen. Das Konzept der Lebensweltorientierung in der Behindertenhilfe.* Weinheim: Beltz Juventa.

Wendt, W. R. (2016). *Sozialwirtschaft Kompakt: Grundzüge der Sozialwirtschaft.* Wiesbaden: Springer VS.

West, C., & Zimmermann, D. H. (1987). Doing Gender. *Gender and Society, Vol. 1, No. 2,* (S. 125–151).

Windolf, P. (2009). Einleitung: Inklusion soziale Ungleichheit. In R. Stichweh & P. Windolf (Hrsg.), *Inklusion und Exklusion: Analysen zur Sozialstruktur und sozialen Ungleichheit* (S. 11–27). Wiesbaden: VS Verlag für Sozialwissenschaften.

Winkler, M. (2008). Management und Steuerung. In J. Bakic, M. Diebäcker & E. Hammer (Hrsg.), *Aktuelle Leitbegriffe der Sozialen Arbeit. Ein kritisches Handbuch* (S. 12–136). Wien: Löcker.

Wöhrle, A. (2012). *Managementkonzepte für die Sozialwirtschaft. Führen im Zeichen des Organisationswandels und neuer Steuerungskonzepte, Studienbrief 2-020-1401*. Brandenburg: Hochschulverbund Distance Learning.

## Weiterführende Literatur

Bogacki, L., & Remitz, A. (2014). Diversity. Die Erfolgsstrategie. In AWO Soziale Dienste gemeinnützige GmbH (Hrsg.), *Eine Handreichung zu Diversity-Management in der Sozialwirtschaft*. Bremen.

Mecheril, P., & Plößer M. (2014). Diversity und Soziale Arbeit. In H.-U Otto & H. Thiersch (Hrsg.), *Handbuch Soziale Arbeit* (S. 322–331). 5. Aufl. München: Reinhardt.

Schröer, H. (2012). Diversity Management und Soziale Arbeit. *Archiv für Wissenschaft und Praxis der Sozialen Arbeit, 1/2012,* (S. 1–13).

## Webseiten zur Vertiefung

Charta der Vielfalt. Unternehmensinitiative zur Förderung von Vielfalt in Unternehmen mit zahlreichen Veröffentlichungen zu Diversity Maßnahmen und Praxisbeispielen
https://www.charta-der-vielfalt.de

# Diversity Management als Organisations- und Führungsstrategie

**4**

**Lernziele**

- Die Bedeutung einer diversitätsorientierten Organisationskultur kennen lernen.
- Diversity Management als Gestaltungsaufgabe von Führungskräften verstehen.
- Diversity als geplanten organisationalen Veränderungsprozess (Change Management) begreifen.
- Verfahrensschritte zur Implementation von Diversity Management anwenden können.

## 4.1 Die Gestaltung einer diversitätsorientierten Organisationskultur

Das *normative Management* beschäftigt sich als oberste Managementebene mit der Ausgestaltung der generellen Zielsetzung, Geschäftsprinzipien, Normen und Spielregeln der Organisation und dient damit der ethischen Legitimation der unternehmerischen Tätigkeit. An soziale Einrichtungen werden gesellschaftliche und sozialpolitische Anforderungen herangetragen, mit denen sich Organisationen auseinandersetzen müssen und aus denen sie intern ein normatives Trägerprofil entwickeln. Wohlfahrtsverbände und ihre Mitglieder repräsentieren Werte, die auf sozialpolitischen Prinzipien wie Subsidiarität und Pluralität basieren (Merchel 2015, S. 100). Die normative Ausrichtung wie z. B. die Sicherung von Chancengleichheit für alle Zielgruppen oder das Ziel einer multikulturellen Organisation werden in der Unternehmenspolitik, Leitsätzen und Leitlinien, Grundsätzen und Unternehmensstandards festgeschrieben. Hierzu gehört die Aufnahme von Diversity-Zielen in das Leitbild der Organisation oder in den

Corporate Governance Kodex, welcher die Grundlage für die an ethischen Maßstäben ausgerichtete Unternehmenspraxis bildet. Die Diakonie verpflichtet sich z. B. in ihrem Corporate Governance Kodex zu einer geschlechtergerechten Zusammensetzung von Gremien, Organen und Leitungsstellen. Bis 2026 soll ein Mindestanteil von jeweils 40 % Frauen und Männern in Gremien und Führungsorganen erreicht sein (Diakonischer Corporate Governance Kodex 2016, S. 12).

Damit die ethischen Leitlinien auch in der täglichen Unternehmenspraxis aufgegriffen werden, müssen sie in Führungsleitlinien überführt oder in Anforderungsprofilen von Mitarbeiter*innen integriert werden.

**Organisationskultur**

*Organisationskultur* bezeichnet die Summe aller gemeinsamen, selbstverständlichen Annahmen einer Gruppe oder Organisation. Sie kann als Mentalität einer Organisation beschrieben werden und besteht nach Edgar Schein (1984, S. 4) aus a) Grundannahmen, b) Normen und Standards sowie c) Symbolen und Artefakten, die das Denken, Wahrnehmen und Verhalten der Mitglieder auf nachhaltige Weise beeinflussen.

a) *Grundannahmen* sind kollektive, in der Regel unbewusste und nicht sichtbare Vorstellungen, z. B. über das zugrunde liegende Menschenbild in der Organisation oder ob Arbeit grundsätzlich eher hierarchisch oder egalitär organisiert sein soll.
b) *Normen und Standards* beinhalten öffentlich propagierte Wertvorstellungen und Verhaltensstandards, wie Gebote, Verbote, Denkmuster oder Strategien.
c) *Symbole und Artefakte* sind sichtbare Organisationsstrukturen und -Prozesse, z. B. Kleidervorschriften, Organigramme, Logos, Gestaltung von Arbeitsplätzen, Rituale und erzählte Geschichten (Habicht 2013, S. 4).

Eine diversitätsorientierte Organisationskultur beinhaltet eine wertschätzende und offene Grundhaltung gegenüber Geschlecht, Alter, Nationalität, Herkunft, Weltanschauung, Behinderung oder sexueller Identität und fördert individuelle Fähigkeiten und Talente. In Bezug auf Normen und Standards hält Diversity Einzug in Leitbilder, Ziele und Organisationsgrundsätze. Auf der Ebene der Artefakte präsentiert sich die Organisation in Schrift und Bildmaterial als bunt und vielfältig z. B. im Webauftritt, in Geschäftsberichten oder Flyern. Die Berücksichtigung von muslimischen oder jüdischen Feiertagen bei der Urlaubsplanung sollte selbstverständlich sein.

## 4.1 Die Gestaltung einer diversitätsorientierten Organisationskultur

Leitfragen zur Gestaltung von Organisationskultur sind:
„Besteht eine Lernkultur, welche die kritische Reflexion und Diskussion von bestehenden Werten und Normen in Bezug auf Diversity ermöglicht?

Wie stark prägen spezifische Rollenerwartungen und Stereotypen den Umgang miteinander und zu treffende Entscheidungen?

Welche Vorstellungen von „Männlichkeit", „Weiblichkeit", „Anderssein" dominieren den Alltag des Zusammenarbeitens?

Wie beeinflussen diese Vorstellungen die Beförderungen und Leistungsbeurteilungen? Welche Verständnisse von gutem Management und guter Führung bestehen?

Wie geht die Organisation mit Unterschiedlichkeit und Differenz um (Integration, Differenzierung, Fragmentierung? Dominiert Monokultur oder Vielfalt?" (Sander et al. 2012, S. 7).

**Diversity im Leitbild**

Ein *Leitbild* ist eine Form der Unternehmensverfassung, welches die normativen Annahmen der Organisation schriftlich fixiert zum Ausdruck bringt und das gleichzeitig als Ausgangspunkt für die unternehmerische Planung gilt. Darin enthalten sind Wertorientierungen, Geschichte, Gründungszweck sowie die Vision der Organisation. Es dient als Maßstab für das Verhalten der Organisationsmitglieder und als Wegweiser für Entscheidungen im operativen Bereich (Merchel 2015, S. 102). Mit der Aufnahme von Diversity-Zielen ins Leitbild setzt die Einrichtung nicht nur ein Zeichen gegen Diskriminierung nach außen, sondern schafft intern eine Basis, damit die Diversity-Strategie von den Mitarbeiter*innen getragen wird. Zur Erstellung eines Leitbilds sollte eine Arbeitsgruppe gegründet werden, der Mitarbeiter*innen aus unterschiedlichen Hierarchieebenen und Bereichen angehören. Je mehr Mitarbeiter*innen beteiligt werden, umso höher ist die Akzeptanz und umso höher die Wahrscheinlichkeit, dass sich die Mitarbeiter*innen damit auch im Alltag identifizieren. Ausgangspunkt ist die Auswahl der Diversity-Ziele sowie der Dimensionen, die ins Leitbild aufgenommen werden sollen. In diesem Prozess sollten nach Vorschlag der Charta der Vielfalt folgende Fragen geklärt werden:

- „Woran ist der Wille der Leitung, sich für Vielfalt einzusetzen, erkennbar? Gibt es dazu Absichtserklärungen, Beschlüsse, Gesetze oder Selbstverpflichtungen?"
- „Gibt es ein Leitbild zur Förderung von Vielfalt, z. B. in Form einer Dienstvereinbarung?"

- „Werden die mit Diversity verbundenen personalpolitischen und wirtschaftlichen Ziele und Vorteile sowie eine gesellschaftspolitische Vision im Leitbild deutlich sichtbar?" (Charta der Vielfalt 2017, S. 28).

## 4.2 Diversity Management als Führungsaufgabe

Während die oberste Führungsebene in erster Linie Beschlüsse fasst, müssen sich Führungskräfte der nachfolgenden Ebenen bei der Umsetzung von Diversity-Maßnahmen den Herausforderungen des Alltags stellen. Dafür müssen sie selbst in der Lage sein, einen Perspektivenwechsel vorzunehmen, Verbündete in den Arbeitsteams gewinnen und Widerstände entkräften. Sie müssen zum einen selbst ein Bewusstsein für Unterschiede entwickeln und zum anderen Voraussetzungen dafür schaffen, die vorhandenen Unterschiede als Potenzial zu betrachten. Nicht selten verläuft eine gut geplante Diversity-Strategie im Sande, weil sich die mittlere Führungsebene, die in der Regel selbst der privilegierten weißen und männlichen Mehrheit angehört, nicht ausreichend mit der Thematik befasst.

**Führungskräfte als Vorbild: Der Similar-to-me-Effekt**
In Organisationen der Sozialwirtschaft sind Führungskräfte des oberen Managements in der Regel männlich, weiß und gehören einer christlichen Religionsgemeinschaft an. Frauen oder Menschen mit Migrationshintergrund finden sich dagegen selten an der Organisationsspitze. Auch ältere Mitarbeiter*innen haben oft Schwierigkeiten, auf der Karriereleiter weiter nach oben zu kommen. Der Maßstab nach dem Menschen andere beurteilen ist oft die eigene Person. Jemand, der uns selbst ähnlich ist oder Eigenschaften aufweist wie wir selbst, wird als vertrauensvoller und sympathischer bewertet. Dieser sozialpsychologische Mechanismus führt dazu, dass Führungskräfte Kandidaten*innen rekrutieren, die ihnen in Bezug auf Ausbildung, Werdegang, Gewohnheiten oder Dialekt ähnlich sind. Man bezeichnet diesen Beurteilungsfehler auch als *Similar-to-Me-Effekt* oder *Ähnlichkeits-Attributions-Hypothese*. Im Ergebnis reproduziert sich die männliche Führungselite in der Organisation damit selbst (Franken 2015, S. 83 f.).

Äußert sich der Vorgesetzte geringschätzend über Frauen oder betont den hohen Krankenstand von älteren Mitarbeiter*innen, so werden eventuell auch die Mitarbeiter*innen ähnlich geringschätzig über diese Zielgruppen reden (ebd., S. 83). Führungskräfte müssen im Rahmen einer Diversity-Strategie selbst eine Vorbildfunktion in der Organisation einnehmen. Dazu gehören die Einnahme einer wertschätzenden und offenen Haltung gegenüber Fremdheit und Veränderung sowie die Fähigkeit, eigene Werte, Normen und Vorurteile zu hinterfragen.

Als *Change Agents* nehmen Führungskräfte eine Schlüsselrolle bei der Implementierung von Diversity Management ein (Maltbia und Power 2009, S. 227; Thomas 1990, S. 116). Sie sind Vorbild und Motor zugleich. Es gilt daher, zunächst die Führungsebene für Diversity-Themen zu gewinnen und ihre Diversity-Kompetenz zu entwickeln. Wirtschaftsunternehmen motivieren ihre Führungskräfte oftmals durch monetäre Anreize, indem sie Diversity-Ziele im Verantwortungsbereich der Führungskraft wie z. B. eine Frauenquote an Boni koppeln. Viel wichtiger ist es jedoch ein Klima zu schaffen, das Führungskräfte zur Reflexion der eigenen Haltung gegenüber Unterschieden anregt und sie motiviert, ihren Führungsstil unter moralisch-ethischen Gesichtspunkten zu hinterfragen. Erst wenn Führungskräfte ihre eigene Haltung zu Diversity entwickelt haben, können sie eine entsprechende Teamkultur gestalten. Um monokulturellen Tendenzen vorzubeugen, die sich immer wieder selbst reproduzieren, sollte sich die Vielfalt der Belegschaft selbstverständlich auch auf der Führungsebene widerspiegeln.

Eine diversitätssensible Gestaltung von Prozessen umfasst die Veränderung von Struktur, Kultur, Systemen und Verhalten einer Organisation mit dem Ziel, die Effizienz der Organisation bei Problemlösung und Zielerreichung zu verbessern. Organisationen sind jedoch beharrlich, träge und schwer zu verändern. Mitarbeiter*innen sind an ihre eigenen Arbeitsroutinen gewöhnt, die ihnen Stabilität und Sicherheit bieten. Veränderungen bringen Neues, Ungewohntes, führen zu Angst und Unruhe. Die Gefahr besteht, dass Mitarbeiter*innen neue Ideen blockieren und Widerstand leisten. Eventuell befürchten männliche Mitarbeiter, dass durch die Einführung von Gender Mainstreaming zukünftig nur noch Frauen befördert werden und entwickeln eine ablehnende Haltung zu allen Aktivitäten, die mit der Veränderung von Strukturen und Arbeitsprozessen verbunden sind. Führungskräfte übernehmen damit eine besondere Verantwortung: Sie müssen eine positive Einstellung der Mitarbeiter*innen bezüglich der angestrebten Veränderungen erreichen und die Risiken von Änderungen minimieren.

## 4.3 Diversity Management als Veränderungsprozess

*Change Management* ist ein geplanter Prozess der Organisationsentwicklung und beinhaltet alle Maßnahmen, die zur Initiierung und Umsetzung neuer Strategien, Strukturen und Verhaltensweisen notwendig sind. Wie auch beim Diversity Management selbst sollen beim Change Management Produktivität und Menschlichkeit gleichermaßen berücksichtigt werden, mit dem Ziel, sowohl Organisation als auch Mitarbeiter*innen gemeinsam lern- und zukunftsfähig zu machen

(Doppler und Lauterburg 2008, S. 94). Auch wenn Change Management eine geplante und zielgerichtete Vorgehensweise beinhaltet, kann nicht davon ausgegangen werden, dass Organisationskultur auf Knopfdruck von außen verändert werden kann. Deshalb können ausschließlich Rahmenbedingungen gestaltet und Impulse gesetzt werden, um zu den gewünschten Ergebnissen zu gelangen. Führungskräfte sind nach dieser Sichtweise Impulsgeber*innen, Coaches und Befähiger*innen, die mit Methoden des Zuhörens, Fragens, Dialog, Diskussion und Reflexion arbeiten statt mit Instruktion, Anordnung oder Befehl.

Eine grundlegende Erklärung, wie Veränderung in der Organisation gestaltet werden kann, liefert das Drei-Phasen-Modell von Kurt Lewin. Danach gibt es in jeder Organisation antreibende Kräfte, die den Wandel fördern und widerstrebende Kräfte, die dem Wandel entgegenwirken. Um den Wandel einzuleiten, muss das Gleichgewicht in der Organisation vorübergehend zugunsten der antreibenden Kräfte verschoben werden. Daher gilt es, möglichst alle Mitarbeiter*innen für den Wandel zu gewinnen. Ein organisationaler Veränderungsprozess besteht zufolge des Modells aus drei Phasen: dem *Auftauen* (Unfreezing), der *Bewegung* (Changing) und dem *Einfrieren* (Freezing), wie Abb. 4.1 zeigt (Lewin 1947, S. 34 ff.).

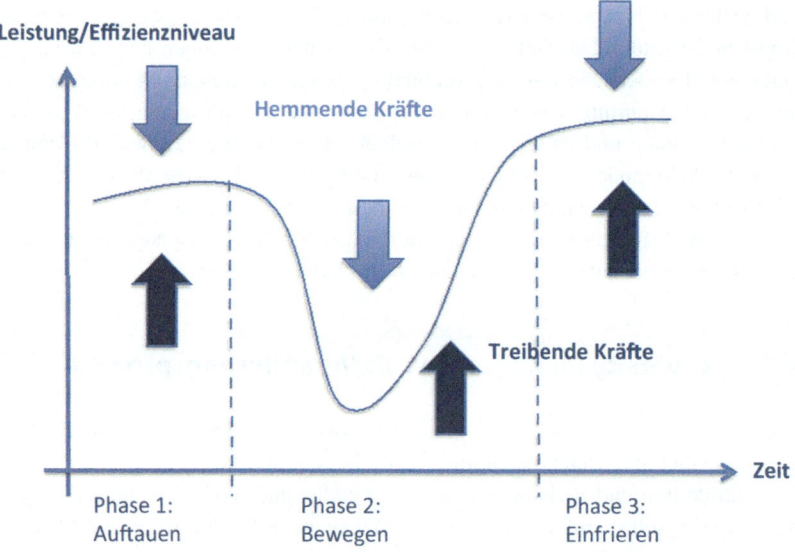

**Abb. 4.1** Das 3-Phasen-Modell von Lewin. (Quelle: Darstellung nach Reisyan 2013, S. 47)

## 4.3 Diversity Management als Veränderungsprozess

In der Phase des *Auftauens* gilt es, bei den Mitarbeiter\*innen eine grundsätzliche Bereitschaft bzw. Motivation für Diversity zu schaffen. Voraussetzungen hierfür sind eine offene Kommunikation, um die Notwendigkeit für den Wandel zu erklären. Mögliche Instrumente sind gemeinsame Kick-Off-Workshops, in die Mitarbeiter\*innen eigene Ideen zur Entwicklung einer diversity-orientierten Zukunftsvision einbringen können. Widerstände sollten in dieser Phase unbedingt ernst genommen werden, da es sonst zu einer ablehnenden Haltung von Diversity Management kommen kann. Deshalb sollte das Management genügend Raum geben, um Widerstände und Ängste zu thematisieren und in die Veränderungsplanung einzubeziehen.

Hilfreich ist es, den Prozess durch den Einsatz einer\*s Change-Agenten\*in, kontinuierlich zu begleiten. Um die Leitung zu entlasten, könnte eine Person, z. B. ein\*e Diversity-Manager\*in oder auch eine feste Arbeitsgruppe benannt werden, um die Steuerung zu übernehmen. Die Stelle sollte möglichst nahe an der Geschäftsleitung angesiedelt sein und über ausreichend Entscheidungsmacht verfügen. An der Formulierung von Diversity-Zielen sollten Mitarbeiter\*innen beteiligt werden.

In der Phase *Bewegen* werden die beschlossenen Maßnahmen umgesetzt. Auf der Organisationsebene wird erprobt, ob die neuen Strukturen in der Praxis funktionieren und die gesteckten Ziele erreicht werden. Mitarbeiter\*innen erwerben neue Fähigkeiten und Kompetenzen in Fortbildungen bzw. entwickeln bestehende Fähigkeiten weiter. Allerdings kommt es in dieser Phase oftmals zu einem vorübergehenden Leistungsabfall, da sich die Mitarbeiter\*innen an die neuen Gegebenheiten anpassen müssen.

Nach der Phase der Umgestaltung werden durch *Einfrieren* die erreichten Änderungen stabilisiert. Erfolgreiche Strukturen werden gefestigt, indem z. B. Modellprojekte zu altersgemischten Teams in den Regelbetrieb übernommen und Angebote wie Diversity-Trainings oder familienfreundliche Maßnahmen verstetigt werden. Die Mitarbeiter\*innen werden bestärkt, ihre neuen Fähigkeiten und Kenntnisse aktiv in den Arbeitsprozess einzubringen und neue Routinen zu entwickeln. Dazu können beispielsweise Supervision oder kollegiale Fallberatung beitragen (vgl. hierzu Fager und Güvenc 2017, S. 12). Stuber bezeichnet die Phase der Verstetigung und des Übergangs in den Organisationsalltag auch als Mainstreaming (Stuber 2009, S. 181 ff.).

Die Change Agents und hier vor allem die Leitung haben die Aufgabe, Veränderungsprozesse zur Förderung und produktiven Nutzung von Vielfalt als kontinuierliche Qualitätsentwicklung zu betreiben. Die Aktivitäten sollten daher regelmäßig überprüft und weiter entwickelt werden. Wichtig ist es deshalb, die Change Agents institutionell zu verankern und diese Gruppe bzw. Personen mit einem klaren Arbeitsauftrag zu versehen (Fager und Güvenc 2017, S. 14).

> **Etablierung eines Change Teams in der Danuvius Klinik**
> Die Danuvius Klinik GmbH betreibt mit insgesamt 400 Mitarbeiter*innen ambulante und teilstationäre Fachkliniken für Psychische Gesundheit und Spezialpflegeheime für Menschen mit Demenzerkrankungen an mehreren Standorten in Süddeutschland. Im Zuge ihres Gender- und Diversityprojekts hat das Unternehmen ein Change Team ins Leben gerufen. Dabei handelt es sich um ein auf Dauer angelegtes elf-köpfiges Personal-Gremium, das mit der Geschäftsleitung Personalmaßnahmen zur besseren Vereinbarkeit von Familie und Beruf umsetzt. In dem als Team organisierten Gremium sind alle Standorte, Hierarchieebenen und Berufsgruppen des Unternehmens inklusiv der Geschäftsleitung vertreten. Gemeinsame Termine werden bereits im Dezember für das jeweils kommende Geschäftsjahr geplant und im Rotationsverfahren organisiert und moderiert. Die Gruppe entwickelt Lösungen zu Diversity Themen, stimmt sie ab und setzt sie entsprechend den Bedürfnissen der Mitarbeiter*innen im Unternehmen um. Die Zusammenarbeit im Team stärkt die Vernetzung und Akzeptanz im Unternehmen.
> (Quelle: Brendler et al. 2015, S. 19)

## 4.4 Implementierung von Diversity Management

Aufgabe des strategischen Managements ist die mittelfristige Ausrichtung der Organisation an ihrer Umwelt (Merchel 2015, S. 91). Ein Träger der freien Jugendhilfe muss sich beispielsweise an den Anforderungen der Sozialpolitik, der Adressaten*innen sowie anderer Organisationen, mit denen er in Konkurrenz- oder Kooperationsbeziehungen steht, auseinandersetzen. An diesen Anforderungen werden die Organisationsziele systematisch ausgerichtet. Zur Umsetzung von Diversity Management müssen nun entsprechende Ziele auf die einzelnen Organisationsbereiche heruntergebrochen werden. Strategisches Ziel des Jugendhilfeträgers könnte sein, in den nächsten drei Jahren ein Geschäftsfeld zur Arbeitsmarktintegration von jungen Flüchtlingen aufzubauen. Mit der Organisationsstrategie entsteht ein Orientierungsrahmen für nachfolgende Entscheidungen, wie dem Aufbau von Organisationsstrukturen und der Gestaltung der Arbeitsprozesse in dem neuen Geschäftsfeld (ebd., S. 91). Stuber (2009, S. 121) empfiehlt eine systematische Verknüpfung von Diversity Management mit dem Kerngeschäft der Organisation, um den Business Kontext (s. Abschn. 2.4) herzustellen.

## 4.4 Implementierung von Diversity Management

Die Entscheidung für die *Einführung von Diversity Management* unter der Prämisse der Wirtschaftlichkeitsbetrachtung ist nach Stuber von drei Faktoren abhängig:

1. Vom *strategischen Mehrwert,* der durch Diversity Management erwartet wird (Business Case), z. B. eine höhere Produktivität, Gewinnung neuer Klienten*innen oder Steigerung des Umsatzes.
2. Von den *ökonomischen Nachteilen,* die das Ignorieren von Diversity Management nach sich ziehen würde (Push-Faktoren). Das Management schätzt auf Basis der Ist-Analyse ein, welche Kosten entstehen würden, wenn keine Diversity-Maßnahmen eingeführt werden. Push-Faktoren sind abstoßende Kräfte, in diesem Fall Veränderungen von außen, die einen Anpassungsdruck auslösen. Wenn der Jugendhilfeträger auf Maßnahmen der interkulturellen Öffnung verzichtet, kommt es eventuell zu vorzeitigen Maßnahmeabbrüchen vonseiten der Flüchtlinge und zu Unzufriedenheit der Mitarbeiter*innen aufgrund von Unverständnis oder kulturellen Missverständnissen.
3. Von den *Vorteilen und positiven* Aspekten, die in Abwägung mit den entstehenden Kosten oder Nachteilen entstehen (Pull-Faktoren). Darunter fallen mögliche Erträge, die über die notwendigen Investitionen hinausgehen. Erforderlich ist eine Gegenüberstellung von Vor- und Nachteilen sowie der erwarteten Kosten und Erträge. Die Einführung von Maßnahmen der interkulturellen Öffnung könnte langfristig eine Verbesserung der Mitarbeiterzufriedenheit bewirken oder dazu führen, dass das Arbeitgeberimage des Jugendhilfeträgers bei Absolventen*innen der Sozialen Arbeit steigt. Pull-Faktoren sind positive Kräfte, die als Antreiber für Veränderungen wirken (Stuber 2009, S. 129 f.).

Um die strategische Anbindung von Diversity Management an das Kerngeschäft herzustellen, sollten nach Stuber folgende Fragen beantwortet werden:

- Welches Formalziel verfolgt die Organisation: Gewinnmaximierung, Schaffung nachhaltiger Werte oder eine bestmögliche Rendite? Ist die Organisation karitativen Zwecken verpflichtet?
- Mit welchen Strategien verfolgt die Organisation ihre Ziele? Akquisition, Marktexpansion, Internationalisierung, Marktführerschaft, Innovationen.
- Welche Herausforderungen sollen mit der gewählten Strategie bearbeitet werden? Personalgewinnung, Personalbindung, Kostensenkung, Kundennähe, gemeinsame Identität.
- Welche Werte – abgeleitet aus dem Leitbild – definiert eine Organisation intern und extern? (ebd., S. 121).

An der Diskussion dieser Fragen sollten alle Mitglieder des Managements beteiligt werden. Dies ermöglicht, ein organisationsspezifisches Verständnis von Diversity zu entwickeln und innerhalb der Organisation zu positionieren (ebd., S. 122).

**Zielsystem**
Die Wahl der Diversity-Ziele sollte so erfolgen, dass sie an die Organisationsziele anknüpfen und zu deren Erfüllung beitragen. Zu unterscheiden sind zwei unterschiedliche Konkretisierungsebenen von Zielen. *Leit- oder Oberziele* (goals) liegen auf einer übergeordneten Ebene, sind inspirierend, herausfordernd und benennen attraktive Visionen. *Handlungsziele* (objectives) werden aus den Oberzielen abgeleitet und definieren konkrete Maßnahmen und Schritte. Nach der SMART-Regel sind die Handlungsziele spezifisch, messbar, akzeptiert, realistisch und terminiert. Manche sozialen Organisationen zeichnen sich dadurch aus, dass sie nicht primär durch Zweckrationalität gekennzeichnet sind. Hier ist es umso wichtiger Zieldiskurse zu führen (Merchel 2015, S. 118), in denen auch Fragen zur Gestaltung und Förderung von Vielfalt behandelt werden sollten.

Im Beispiel des Jugendhilfeträgers könnte das Oberziel für Diversity Management sein, eine multikulturelle Belegschaft zu fördern, um auf die kulturelle Vielfalt der Klienten*innen zukünftig besser eingehen zu können. Ein konkretes Handlungsziel lautet dann, mindestens zwei Fachkräfte mit Migrationshintergrund einzustellen. Diversity-Ziele sollten in allen Bereichen des strategischen Managements Beachtung finden, bei der Gestaltung der professionellen Fachlichkeit, der betriebswirtschaftlichen Steuerung, der Steuerung des Personals sowie der Umwelt (vgl. hierzu auch Merchel 2015, S. 86 ff.).

Bei dem Jugendhilfeträger könnte die professionelle Fachlichkeit durch interkulturelle Trainings der Mitarbeiter*innen gesichert werden. Aus betriebswirtschaftlicher Perspektive müsste ein Budget für Diversity-Maßnahmen eingeplant und regelmäßig überwacht werden. Dazu gehört auch, den Nutzen von Maßnahmen des Diversity Management zu messen.

Im Rahmen der Organisationsgestaltung würden neue Strukturen geschaffen oder interne Abläufe verändert. Zukünftig werden religiöse Feste von muslimischen und jüdischen Kollegen*innen im Dienstplan berücksichtigt oder Sitzungstermine so gewählt, dass auch Teilzeitbeschäftigte teilnehmen können. Die Gestaltung der personellen Ressourcen sowie die mitarbeiterbezogene Steuerung haben eine elementare Bedeutung für die Qualität personenbezogener Dienstleistungen. Hier muss die oberste Führungsebene sicherstellen, dass Diversity Management in allen Bereichen der Personalführung und Personalentwicklung zum Einsatz kommt (s. Kap. 5). Letztendlich lassen sich mit Diversity Management auch die

## 4.4 Implementierung von Diversity Management

Außenbezüge im Umfeld der Organisation gestalten. Kommuniziert die Organisation ihre Diversity-Strategie nach außen, steigt ihr Ansehen bei Klienten*innen, Bewerber*innen und Kostenträgern.

**Ist-Analyse**

Nach der Beschreibung des Verständnisses von Diversity und der Festlegung des Zielsystems, die gleichsam einen Rahmen für die gewählte Strategie bilden, schlägt Stuber eine *Bestandsaufnahme* der aktuellen Situation vor. Dies können demografische Analysen zur bestehenden Vielfalt sein, Analysen der Organisationskultur, der vorherrschenden Verhaltens- und Kommunikationsweisen oder zu Image und Positionierung (Stuber 2009, S. 126). Als Instrumente zur Durchführung der Analysen eignen sich Auswertungen von Personalkennzahlen, Mitarbeiterbefragungen, Gruppendiskussionen oder Klientenbefragungen. Die Ergebnisse der Ist-Analyse bilden die Ausgangslage anhand der sich spätere Maßnahmefortschritte feststellen und beurteilen lassen. Folgende Leitfragen sollten im Rahmen der *Ist-Analyse* beantwortet werden:

- Werden alle Potenziale der Belegschaft genutzt?
- Besteht ein ausgewogenes Verhältnis zwischen Fähigkeiten und Berufserfahrung der Belegschaft, um den Erfordernissen der Marktumwelt (Adressaten*innen, Kostenträger etc.) gerecht zu werden?
- Wie vielfältig ist die Belegschaft hinsichtlich verschiedener Merkmale, Arbeitsstile, Arbeitspraktiken und neuer Problemlösungswege?
- Welche Verpflichtungen ergeben sich für die Einrichtung durch geltende Gleichstellungsgesetze?
- Wird die Herausforderung am Arbeitsplatz mit den demografischen, technischen und lebensstilabhängigen Veränderungen größer?

Die *SWOT-Analyse* (Strenghts, Weaknesses, Opportunities, Threats) ist ein geeignetes Verfahren, um die Ausgangslage in Bezug auf Vielfalt in der Organisation oder eine bereits vorhandene Diversity-Strategie auf den Prüfstand zu stellen. Durch die SWOT-Analyse lassen sich organisationsinterne Stärken und Schwächen gegenüberstellen sowie mögliche Chancen und Risiken identifizieren. Als Instrument des strategischen Managements ermöglicht sie die strategische Position der Organisation transparent zu machen, ein Profil im Vergleich zur Konkurrenz auszuarbeiten, strategische Optionen abzuleiten und konkrete Diversity-Maßnahmen zu formulieren (Bouncken et al. 2015, S. 52 ff.).

**Beispiel einer diversitätsbezogenen SWOT-Analyse eines Trägers der Behindertenhilfe**
- **Stärken:** Sichtbarkeit von Diversity Management durch eine*n Diversitybeauftragte*n, glaubwürdige Weiterentwicklung durch engagierte Führungskräfte, Verankerung in Leitlinien, die nach außen und innen kommuniziert werden;
- **Schwächen:** geringe Sensibilisierung und Wahrnehmung bei den Bewohner*innen, Diversity Management ist keine Querschnittsaufgabe in der Einrichtung, uneindeutige Schwerpunktsetzung;
- **Chancen:** Alleinstellungsmerkmal zur Abgrenzung gegenüber der Konkurrenz, Profilierung im Wettbewerb um qualifizierte Fachkräfte;
- **Risiken:** Begrenzte Ressourcen, zu hohe Erwartungen aufseiten der Mitarbeiter*innen, schwierige Messbarkeit von Erfolg, positive Diskriminierung (interne Quote zur Förderung weiblicher Führungskräfte führt zur Ablehnung bei männlichen Beschäftigten).

**Beispiel: Altersstrukturanalyse bei der Volkssolidarität**
Das Kompetenzzentrum „Pflege" der Volkssolidarität stellt für die angeschlossenen Einrichtungen ein Tool zur Altersstrukturanalyse zur Verfügung. Die betriebsspezifische Altersstruktur liefert aufschlussreiche Hinweise über die gegenwärtige und zukünftige Altersstruktur in der Organisation. Die Bestandsaufnahme macht sichtbar, welche Altersgruppen besonders stark bzw. schwach vertreten sind und auf welche Bereiche oder Standorte sie sich verteilen. Die Erhebung ermöglicht die Verknüpfung von Altersdaten der Mitarbeiter*innen mit Personalkennzahlen wie Fluktuation, Krankenstand oder altersbedingtes Ausscheiden. Auf diese Weise können demografische Risiken einer überalterten Belegschaft und personalwirtschaftliche Handlungsbedarfe sichtbar gemacht werden. Erfasst wird die Altersverteilung gruppiert nach Funktionen, Arbeits- und Tätigkeitsbereichen. Weiterhin werden gesetzliche Rahmenbedingungen wie z. B. das Renteneintrittsalter einbezogen. Analysetools ermöglichen Zukunftsszenarien in fünf oder zehn Jahresschritten auf der Basis von unterschiedlichen Szenarien, die Rekrutierung von Azubis oder Studierenden, Arbeitgeberwechsel und Arbeitsfähigkeit von Fachkräften sowie das Auslaufen von Altersteilzeit berücksichtigt (Abb. 4.2). Aus den Ergebnissen lassen sich konkrete Maßnahmen entwickeln, wie z. B. eine rechtzeitige Personalmarketingstrategie zur Nachwuchsgewinnung, Systeme zum Wissenstransfer von Alt zu Jung oder Angebote zur Erhaltung der Leistungsfähigkeit älterer Mitarbeiter*innen (Volkssolidarität 2014).

## 4.4 Implementierung von Diversity Management

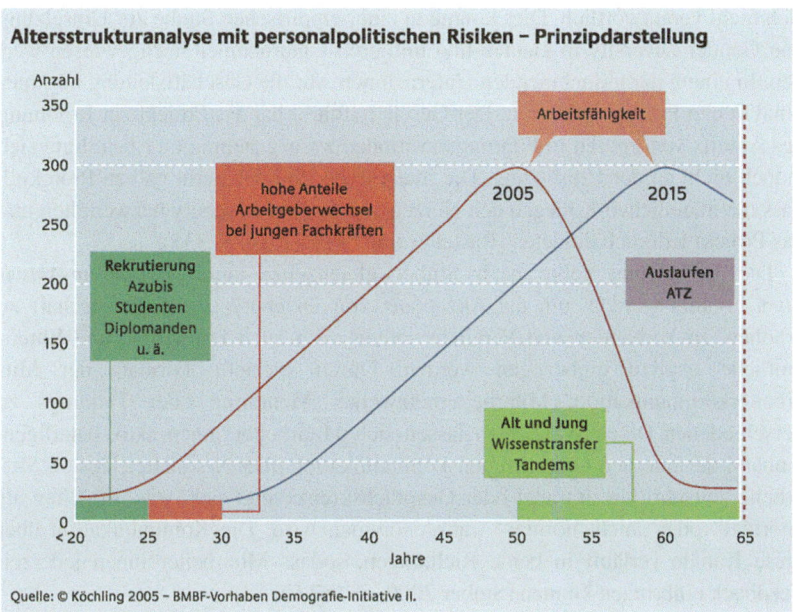

**Abb. 4.2** Beispiel für die Bestandsaufnahme der betrieblichen Altersstruktur. (Quelle: Köchling et al. 2010, S. 17 (Screenshot))

**Einführung von Diversity: Top-Down und Bottom-up**

Geeignete Verfahren zur Einführung von Diversity sind Leitlinien, Betriebsvereinbarungen, Zielvereinbarungen oder Pilotprojekte, an denen das Top-Management beteiligt sein sollte (Stuber 2009, S. 146). In Betriebsvereinbarungen kann eine Vielzahl von konkreten Maßnahmen verbindlich festgelegt werden wie z. B. die Flexibilisierung der Arbeitszeit, Chancengleichheit, Kinderbetreuung, Arbeitsabläufe oder Wege der Kommunikation (ebd., S. 147).

Zielvereinbarungen zu Diversity sind ein strategisches Management-Instrument, das idealerweise von der Organisationsspitze konzipiert und auf allen nachfolgenden Ebenen eingesetzt wird. Der Erfolg von Geschäftsstellenleitungen kann z. B. daran gemessen werden, inwiefern es ihnen gelingt, den Frauenanteil in Führungspositionen in ihrem Verantwortungsbereich zu steigern.

Die Umsetzung von Diversity Management kann nur gelingen, wenn sie von oben gewollt ist und *Top-Down* veranlasst wird. Fehlt das Engagement der obersten Ebene, nehmen die Führungskräfte das Thema häufig nicht ernst oder fühlen sich nicht verantwortlich. Dies konnte in einer empirischen Studie zur Umsetzung von Gender Diversity in kleinen und mittleren Unternehmen nachgewiesen werden. In einem der teilnehmenden Unternehmen war die Geschäftsleitung nur marginal in den Prozess involviert. Der Geschäftsführer hat das Projekt zur Erhöhung des Anteils von Frauen in Führungspositionen zwar genehmigt, er beteiligte sich jedoch nicht an der Umsetzung. Die interviewte Projektleiterin gab zu Protokoll, dass die männlichen Kollegen den Nutzen von Gender Diversity bezweifelten und das Projekt lediglich duldeten (Rastetter und Dreas 2016, S. 335).

Die Einführung sollte nach Stuber gleichzeitig durch *Bottom-up-Aktivitäten* ergänzt werden, um die Akzeptanz von Diversity in der Belegschaft zu erhöhen. In Verbänden und Vereinen sollten dazu auch Freiwillige und Ehrenamtliche explizit einbezogen werden. Durch spezielle Formate der Mitarbeiterkommunikation, Mitarbeiternetzwerke, Mentoring oder Trainings zu verschiedenen Diversity-Themen lassen sich Mitarbeiter*innen aktiv beteiligen. Anhand der internen Unternehmenskommunikation über Newsletter, Poster, Mitarbeiterzeitschriften, Intranet oder Gesprächskreise zeigt sich, was im Alltag als „normal" oder „nicht normal" wahrgenommen wird. Die Kommunikation über diese Kanäle verläuft in beide Richtungen, sodass Mitarbeiter*innen jederzeit Feedback einbringen können (Stuber 2009, S. 157 f.).

**Mitarbeiternetzwerke (Employee Resource Groups)**
*Mitarbeiternetzwerke* oder Employee Resource Groups sind freiwillige Zusammenschlüsse von Mitarbeiter*innen, die sich für Chancengleichheit und Akzeptanz von Vielfalt in ihrem Unternehmen einsetzen. Bisher sind sie nahezu ausschließlich in großen Wirtschaftsunternehmen verbreitet. In der Regel gehören die Mitglieder selbst zu einer betroffenen Minderheit oder unterrepräsentierten Gruppe wie z. B. Frauen, LGBT, türkischstämmige Mitarbeiter*innen, Alleinerziehende oder Eltern. Nach innen gerichtet bieten die Netzwerke Selbsthilfe und informelle Unterstützung für Betroffene in einem geschützten Rahmen, nach außen fördern sie das soziale Engagement im Betrieb und sorgen dafür, dass Diversity-Themen auf die Agenda des Unternehmens gesetzt werden. Viele Gruppen gehen über eine reine Beratungstätigkeit hinaus, indem sie Probleme der Ausgrenzung oder Benachteiligung identifizieren und betriebliche Lösungen entwickeln. Ihre Aktivitäten verzahnen sie systematisch mit der Unternehmenspolitik und leisten einen Beitrag zur diversitätsbezogenen Ausgestaltung von Instrumenten zur Rekrutierung, Karriereentwicklung oder Kundenansprache. Inzwischen gibt es auch unternehmensübergreifende Vereinigungen, die Mitarbeiternetzwerke bei der Gründung begleiten und sie dabei unterstützen, sich innerhalb ihrer Arbeitgeber zu professionalisieren. Ein Beispiel ist die Stiftung Prout at Work,

die sich für den Abbau von Homophobie und Diskriminierung einsetzt und LGBT-Netzwerke in großen Wirtschaftsunternehmen berät (Prout at Work 2018). In der Sozialwirtschaft eignen sich Mitarbeiternetzwerke vor allem für Organisationen mit einer großen Belegschaft oder dezentralen Strukturen.

**Einbindung von Diversity ins Freiwilligenmanagement**
Für ehrenamtliche Mitarbeiter*innen, die Kindern vorlesen, Schüler*innen Nachhilfe geben, Flüchtlingen deutsch beibringen oder behinderte Menschen betreuen sind Diversity-Kompetenzen ebenso relevant wie für Hauptamtliche. Gerade Ehrenamtliche begegnen der zunehmenden Vielfalt der Gesellschaft in vielen Bereichen. Außerdem gibt es inzwischen viele Freiwillige die selbst einen Migrationshintergrund haben. Sie pflegen Angehörige oder Nachbarn im familiären Kontext, manchmal auch außerhalb des organisationalen Kontextes, was eventuell der deutschen, verbandsmäßigen Logik widerspricht. Hier geht es darum, Anerkennungskulturen von Diversität zu entwickeln (Dzajic-Weber 2015, S. 5). Freiwillige aus unserem Kulturkreis müssen wiederum lernen, Ressourcen, Potenziale, Qualifikationen von Menschen mit anderen Eigenschaften als denen der Mehrheitsgesellschaft zu erkennen und zu schätzen (ebd., S. 5).

Viele karitative Organisationen beschäftigen Ehrenamtskoordinator*innen oder Freiwilligenmanager*innen, die Rahmenbedingungen und Strukturen für freiwilliges Engagement gestalten. Ihre Aufgabe besteht u. a. darin, Freiwillige zu rekrutieren und in ihrem Engagement bestmöglich zu unterstützen (Biedermann 2012, S. 64). Als Bindeglied zu den Freiwilligen werden sie zu Schlüsselpersonen für die Einführung von Diversity Management. Zu bedenken ist jedoch, dass Freiwillige nicht in den Organisationsalltag eingebunden sind und in der Regel über begrenzte Zeitressourcen verfügen. Deshalb sollten alle Schritte der Implementierung von Diversity systematisch für Freiwillige herunter gebrochen und auf ihre Bedarfe angepasst werden. Dazu gehört die Entwicklung von Instrumenten zur Ist-Analyse, die Konzeption von Diversity-Trainings sowie die Einbindung der Freiwilligen in die Kanäle der Top-Down und Bottom-Up Kommunikation. Der Caritas-Verband Düsseldorf bietet für Ehrenamtliche verschiedene Qualifizierungsangebote an, wie z. B. Diversity als Schlüsselkompetenz im Umgang mit Vielfalt, Flucht und Migration, Kultursensible Sprachförderung, Kommunikation in der Flüchtlingshilfe oder den Umgang mit Vorurteilen und Stereotypen. Wichtig ist jedoch, Diversity Management für Ehrenamtliche nicht als Insellösung zu betreiben, sondern als Teil der gesamten Organisationsstrategie zu betrachten, an deren Ausgestaltung Ehrenamtliche selbstverständlich partizipieren sollten.

**Fragen zur Übung und Kontrolle des Lernerfolgs**
1. Erläutern Sie die drei Ebenen der Organisationskultur nach Edgar Schein. Anhand welcher Merkmale bzw. Ausprägungen können Sie auf jeder Ebene eine diversitätsorientierte Organisationskultur feststellen?
2. Was versteht man unter dem Similar-To-Me-Effekt? Wie können Führungskräfte diesen Effekt bei der Rekrutierung und Beförderung von Personal vermeiden?
3. Die Geschäftsleitung eines Krankenhauses möchte eine familienfreundliche Unternehmenskultur entwickeln. Erläutern Sie am Drei-Phasen-Modell nach Lewin, wie dieses Vorhaben als Change-Prozess ablaufen könnte.
4. Warum sollte Diversity Management sowohl Top-Down als auch Bottom-Up eingeführt werden?

## Literatur

Biedermann, C. (2012). Freiwilligen-Management: Die Zusammenarbeit mit Freiwilligen organisieren. In D. Rosenkranz & A. Weber (Hrsg.), *Freiwilligenarbeit. Einführung in das Management von Ehrenamtlichen in der Sozialen Arbeit* (S. 57–66). 2. Aufl. Weinheim und Basel: Beltz Juventa.
Bispinck, R., Dribbusch, H., Öz, F., & Stoll, E. (2012). Was verdienen Sozialpädagoginnen und Sozialpädagogen? *Projekt Lohnspiegel.de, Arbeitspapier 15, Juni 2012.*
Bouncken, R., Pfannstiel, M. A., Reuschl, A. J., & Haupt, A. (2015). *Diversität managen. Wie Krankenhäuser das Beste aus personeller Vielfalt machen.* Stuttgart: Kohlhammer.
Brendler, H. (2015). Gender und Diversity als zukunftsorientierte Unternehmensstrategie. Ein Praxisleitfaden. https://www.zug-augsburg.de/style/images/upload/ZUGToolbox_Mai2015.pdf. Zugegriffen: 12. Juli 2018.
Charta der Vielfalt (2018). Mitglieder bei der Charta der Vielfalt. https://www.charta-der-vielfalt.de. Zugegriffen: 12. Juli 2018.
Charta der Vielfalt (2017). *Vielfalt, Chancengleichheit und Inklusion. Diversity Management in öffentlichen Einrichtungen und Verwaltungen.* Hrsg. von der Charta der Vielfalt, Berlin.
Diakonischer Corporate Governance Kodex (DGK) (2016). Chancengleichheit der Geschlechter. https://www.diakonie.de/fileadmin/user_upload/Diakonie/PDFs/Ueber_Uns_PDF/2016_12_07_corpotate_governance_kodex.pdf. Zugegriffen: 12. Juli 2018.
Doppler K., & Lauterburg, C. (2008). *Change Management. Den Unternehmenswandel gestalten.* 12. Aufl. Frankfurt und New York: Campus Verlag.
Dzajic-Weber, A. (2015). Anerkennung aus diversen Perspektiven, Zusammenfassung des Vortrags auf der Fachtagung „Anerkennungskulturen heute – Vielfalt in der engagierten Stadtgesellschaft. Berlin am 10.6.2015. http://anerkennungskulturen.de/einblicke/anerkennung-divers/. Zugegriffen: 12. Juli 2018.

# Literatur

Fager, S., & Güvenc, D. (2017). Interkulturelle Öffnung. Was ist das? Wem bringt es was? Wie geht das? https://www.fes-mup.de/files/mup/pdf/broschueren/Diakonie_Fager.pdf. Zugegriffen: 27. Juli 2017.

Franken, S. (2015). *Personal: Diversity Management. Studienwissen kompakt.* Wiesbaden: Springer Gabler.

Habicht, S. (2013). Organisationskultur. Einführungsbeitrag zur DACH-Tagung 18.-21. Februar 2013 in Breklum. https://www.gboe.de/fileadmin/gboe/Dach_2013_Breklum/Organisationskultur_Vortrag_S._Habicht.pdf. Zugegriffen: 18. Dezember 2018.

Köchling, A., Weber, U., Reindl., J., Weber, B., & Packebusch L. (2010). Demografischer Wandel – (k)ein Problem! Werkzeuge für Praktiker – von Betrieben für Betriebe. In Bundesministerium für Bildung und Forschung (Hrsg.), *Demografischer Wandel – (k)ein Problem! Werkzeuge für Praktiker – von Betrieben für Betriebe.* 2. Aufl. Bonn, Berlin.

Lewin, K. (1947). Frontiers in Group Dynamics. Concept, Method and Reality in Social Science; Social Equilibria and Social Change. *Human Relations, Vol 1, Jun 1947*, (pp. 5–41).

Lüthi, E., Oberpriller, H., Lose, A., & Orths, S. (2013). *Teamentwicklung mit Diversit Management. Methoden – Übungen und Tools.* 3. Aufl. Bern: Haupt-Verlag.

Maltbia, T. E., & Power, A. T. (2009). *A Leader's Guide To Leveraging Diversity. Strategic Learning Capabilities for Breakthrough Performance.* London und New York: Routledge.

Merchel, J. (2015). *Management in Organisationen der Sozialen Arbeit. Eine Einführung.* Weinheim und Basel: Beltz Juventa.

Prout at Work (2018). https://www.proutatwork.de. Zugegriffen: 12. Juli 2018.

Rastetter, D., & Dreas, S. (2016). Diversity Management als eine betriebliche Strategie. Zwischen Marktlogik und Fairness. In K. Fereidooni & A. P. Zeoli (Hrsg.), *Managing Diversity. Die diversitätsbewusste Ausrichtung des Bildungs- und Kulturwesens, der Wirtschaft und Verwaltung* (S. 319–339). Wiesbaden: Springer VS.

Reisyan, G. D. (2013). *Neuro-Organisationskultur. Moderne Führung orientiert an Hirn- und Emotionsforschung.* Berlin Heidelberg: Springer. doi: 10./978-3-642-38474-5_4.

Sander, G., Müller, C., & Hartmann, I. (2012). Diversity Management als Veränderungsprozess. http://www.gleichstellungs-controlling.org/wp-content/uploads/2015/09/Diversity-Management-als-Veraenderungsprozess.pdf, Zugegriffen: 12. Juli 2018.

Schein, E. H. (1984). Coming to a New Awareness of Organizational Culture. *Sloan Management Review, 25:2* (S. 3–16).

Stuber, M. (2009). *Diversity. Das Potenzial-Prinzip. Ressourcen aktivieren – Zusammenarbeit gestalten.* 2. Aufl. Köln: Luchterhand.

Thomas, R. Jr. (1990). From Affirmative Action to Affirming Diversity. *Harvard Business Review*, 1990(2), 107–117.

Volkssolidarität (2014). Arbeitsergebnisse Personalentwicklung in der Pflege, Handreichung. http://www.volkssolidaritaet.de/fileadmin/content/kap_media/Materialien/2015-2010/2014-KP-Pflege-Arbeitsergebnisse-Personalentwicklung.pdf. Zugegriffen: 12. Juli 2018.

## Weiterführende Literatur

Fager, S., & Güvenc, D. (2017). Interkulturelle Öffnung. Was ist das? Wem bringt es was? Wie geht das? https://www.fes-mup.de/files/mup/pdf/broschueren/Diakonie_Fager.pdf. Zugegriffen: 27. Juli 2017.

Stuber, M. (2009). *Diversity. Das Potenzialprinzip. Ressourcen aktivieren – Zusammenarbeit gestalten.* 2. Aufl. Köln: Luchterhand.

Lüthi, E., Oberpriller, H., Lose, A., & Orths, S. (2013). *Teamentwicklung mit Diversit Management. Methoden – Übungen und Tools.* 3. Aufl. Bern: Haupt-Verlag.

# 5 Diversity Management als Aufgabe des Personalmanagements

**Lernziele**

- Vielfalt als Teil der Organisationsstrategie in die Personalstrategie transferieren.
- Einblicke in konkrete Maßnahmen zur Förderung von Vielfalt in den einzelnen Handlungsfeldern Personalplanung, Personalauswahl, Personalmarketing, Personalbindung, Vergütung und Personalentwicklung erhalten.
- Gestaltungsvariablen von Diversity-Trainings kennen lernen.

In den letzten Jahrzehnten hat sich der Stellenwert der Personalarbeit in vielen Unternehmen stark gewandelt. Während früher administrative Aufgaben wie Personalsachbearbeitung oder die Lohnbuchhaltung im Vordergrund standen, übernimmt der HR-Bereich immer mehr Verantwortung für die strategischen Geschäftsziele und kommuniziert aktiv mit den relevanten Umweltakteuren wie Kostenträgern, Kommunen und Gemeinden, um strategische Anforderungen der Umwelt in die Organisation zu tragen und angemessen zu bearbeiten (Miebach 2015, S. 4). Hat sich eine Organisation entschieden, Diversity Management einzuführen, ist in der Regel das Human Resource Management (HRM) für die begleitende Analyse, Planung, Implementierung und Evaluation der Maßnahmen zuständig. Dabei sollte Diversity Management in alle Teilbereiche des Personalmanagements von der Personalbeschaffung bis zur Personalfreisetzung integriert werden (Krisor und Köster 2016, S. 90, Abb. 5.1). Gemeinsam mit dem Topmanagement wird Diversity Management in eine zukunftsorientierte Personalstrategie und Organisationsentwicklung eingebettet. Dabei gilt es, Vielfalt für den Geschäftserfolg produktiv zu nutzen und gleichzeitig jedem Organisationsmitglied zu ermöglichen, sein volles Potenzial auszuschöpfen (ebd., S. 90).

© Springer Fachmedien Wiesbaden GmbH, ein Teil von Springer Nature 2019
S. A. Dreas, *Diversity Management in Organisationen der Sozialwirtschaft*, Basiswissen Sozialwirtschaft und Sozialmanagement, https://doi.org/10.1007/978-3-658-20546-1_5

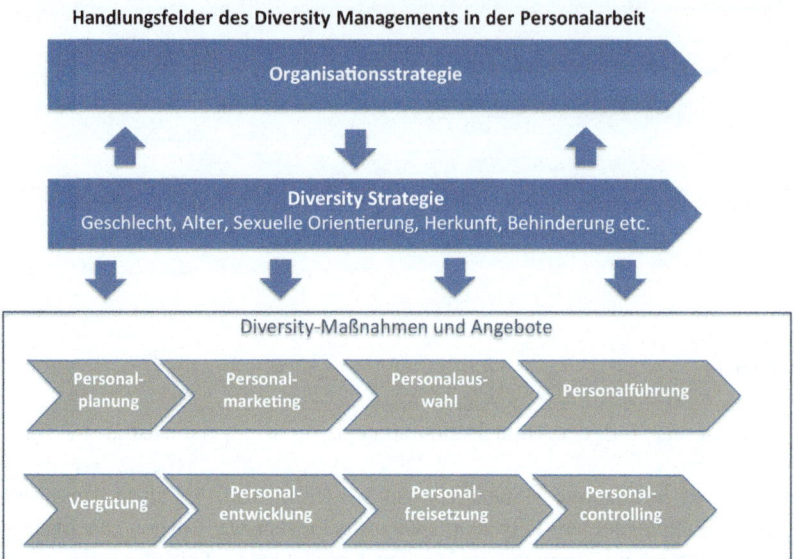

**Abb. 5.1** Handlungsfelder des Diversity Managements in der Personalarbeit. (Quelle: Eigene Darstellung in Anlehnung an Bode 2012, S. 92)

## 5.1 Personalplanung und Personalmarketing

Der erste Schritt zur Förderung von Vielfalt in der Belegschaft ist die Rekrutierung von qualifizierten Mitarbeiter*innen. Hierzu können in der *Personalplanung* Diversity-Ziele umgesetzt werden, wie die betriebliche Ausbildung von jungen Flüchtlingen oder die Einstellung von älteren Fachkräften. Mit entsprechenden Diversity-Maßnahmen lässt sich der Talentpool um neue Zielgruppen erweitern, welche die Organisation vorher nicht im Visier hatte.

Die Wahl des Umfelds, in dem Personalmarketing betrieben wird, hat eine Auswirkung auf die Selektion der Bewerber*innen. Organisationen, die sich auf konventionelle Rekrutierungsstrategien wie z. B. die Ansprache von Studierenden an Hochschulen beschränken, werden im Ergebnis wahrscheinlich keine heterogen zusammengesetzte Belegschaft erhalten (Stuber 2009, S. 188). Dagegen könnte die Zusammenarbeit mit Qualifizierungsprojekten dazu führen, dass mehr Bewerber*innen mit Migrationshintergrund als Altenpfleger*innen eingestellt werden. Hilfreich ist es, Bewerber*innen mit Behinderung, Frauen, Ältere oder

Menschen mit Migrationshintergrund gezielt anzusprechen. Hilfreich für soziale Dienste ist es z. B. Stellenanzeigen für das Hauswirtschaftspersonal in anderen Sprachen wie türkisch, russisch oder polnisch zu schalten.

Bei der Ansprache potenzieller Bewerber*innen ist nicht nur darauf zu achten, benachteiligungsfreie Formulierungen und Bilder zu verwenden, sondern auch, die Ausschreibung so zu gestalten, dass sich neue Zielgruppen bewusst angesprochen fühlen. Eine Studie, in der Testpersonen fiktive Anzeigen für eine Leitungsposition vorgelegt wurden zeigt, dass sich viele Frauen von eher „männlichen" Formulierungen wie „durchsetzungsstark", „offensiv", „analytisch" oder „ausgeprägte Führungseigenschaften" abschrecken ließen und sich gar nicht erst bewerben wollten (Janker 2014, S. 1 f.). Sie fühlten sich eher von Adjektiven wie gewissenhaft, kontaktfreudig oder verantwortungsvoll angesprochen. Umgekehrt zeigte sich, dass sich Männer nicht von weiblichen Stereotypen abschrecken ließen (ebd., S. 2). Eine Anzeige, in der eine pädagogische Fachkraft zur Verstärkung eines jungen und dynamischen Teams gesucht wird, hält ggf. ältere Bewerber*innen davon ab, sich auf die Stelle zu bewerben.

Unter *Employer Branding* versteht man Kommunikationsmaßnahmen zur Verbesserung des Arbeitgeberimages. Diversity Management kann dazu beitragen, eine glaubwürdige und attraktive Arbeitgebermarke zu schaffen. Kleinere Unternehmen versprechen sich davon in der Regel die Erhöhung ihres Bekanntheitsgrads z. B. durch die Teilnahme an Rekrutierungsmessen. Größere Unternehmen stehen dagegen vor der Herausforderung ein konsistentes Imageprofil zu entwickeln, um sich von ihren Mitbewerber*innen abzugrenzen (Holtbrügge 2015, S. 87).

Auf Karriereseiten in Print- und Online-Medien besteht die Möglichkeit, sich als Diversity-Arbeitgeber*in zu präsentieren: z. B. als familienfreundliches Sozialunternehmen, als multikulturelle Einrichtung oder als inklusive Kita. Ein Beispiel für Employer-Branding sind Kampagnen von Kita-Trägern zur Gewinnung von männlichen Erziehern oder die Kooperation mit Bildungsträgern, die spezielle Kurse zur Ausbildung von Altenpflegeassistenzen mit Migrationshintergrund anbieten.

## 5.2 Personalauswahl: Transparente Stellenbesetzungsprozesse

Viele Organisationen haben in der Regel keine transparenten Verfahren zur Personalauswahl oder gestalten ihre Auswahlverfahren so, dass sie unbewusst bestimmte Zielgruppen benachteiligen. Dies birgt die Gefahr von Beurteilungsfehlern bei der Einstellung und Beförderung von Mitarbeiter*innen. Hinzu kommt, dass Männer und Frauen sich oftmals unterschiedlich präsentieren. Eine Studie an der Columbia Business School und der Kellogg Management School hat herausgefunden, dass Männer ihre Fähigkeiten offensiver anpreisen, was häufiger zur Einstellung führt als bei Frauen (Janker 2014, S. 2). In einer Beobachtung von Auswahlgesprächen eines Konzerns in Österreich wurde deutlich, dass Personalverantwortliche Eigenschafen und Fähigkeiten von männlichen Kandidaten als Norm zugrunde legten, an dem weibliche Kandidatinnen als Gegenpol implizit gemessen wurden. Während Männer in den Gesprächen nach ihren Tätigkeiten gefragt wurden, wurden Frauen befragt, wie sie sich in konkreten Situationen fühlten (Haas und Koeszegi 2015, S. 10).

Auswahlgremien sollten daher möglichst gemischt in Bezug auf Alter, Geschlecht und Herkunft besetzt werden, damit verschiedene Perspektiven in den Beurteilungsprozess eingebracht werden (Stuber 2009, S. 81). Für die *Personalauswahl* sollten nachprüfbare Kriterien festgelegt werden, die ausschließlich relevante Kompetenzen für die zu besetzende Stelle erhebt. Die Einführung eines Kompetenzmodells ist in der Regel jedoch mit steigenden Anforderungen an die Personalverantwortlichen verbunden. Für jedes Berufsbild müssen Instrumente zur Erhebung der Kompetenzen entwickelt und Führungskräfte in der Anwendung geschult werden. Ein Beispiel sind die von der Koordinierungsstelle Weiterbildung und Beschäftigung e. V. entwickelten interkulturellen Einstellungstests für Auszubildende verschiedener kaufmännischer und gewerblicher Berufe (s. Praxisbeispiel 7.1). Für ein Diversity-sensibles Kompetenzerhebungsverfahren können auch informell erworbene Kompetenzen mit einfließen, z. B. Kompetenzen, die in der Elternzeit oder während einer ehrenamtlichen Tätigkeit erworben wurden.

Größere Unternehmen wie Krankenhäuser, Träger oder Verbände ab 500 Mitarbeiter*innen stellen oftmals eine*n hauptamtliche*n Diversity-Beauftragte ein, die*r sich um die strategische Bearbeitung aller Diversity-Aktivitäten kümmert. Nach einer Befragung des Wissenschaftszentrums Berlin beschäftigen 40 % aller Non-Profit-Organisationen weniger als fünf Mitarbeiter*innen und 87 % weniger als 100 Mitarbeiter*innen (Priller et al. 2012, S. 15). In diesen Organisationen fehlen in der Regel Ressourcen für eine umfassende Personalarbeit. Wenn es keine hauptverantwortliche Personalleitung gibt, müssen Aufgaben des Personalmanagements von der Geschäftsleitung selbst übernommen werden. Umso wichtiger wird es dann, Diversity Management als Querschnittsthema bei den Führungskräften in der Organisation zu verankern.

## 5.3 Personalentwicklung: Die Entwicklung von Diversity-Kompetenz

In den meisten sozialen Einrichtungen besteht Konsens, dass fachliche Qualifikationen nicht ausreichen, um stetig wechselnde Anforderungen von außen angemessen zu bearbeiten und Veränderungen innerhalb der Organisation eigenverantwortlich zu gestalten. *Diversity-Kompetenz* zielt auf die Entwicklung konkreter Fähigkeiten zum Umgang mit Vielfalt und daraus möglichen Konfliktpotenzialen, aber auch auf die Förderung einer Grundhaltung, um Vielfalt in der Organisation aktiv zu befördern. Als Teil der Führungskompetenz ermöglicht Diversity-Kompetenz, vielfältige Potenziale und Fähigkeiten aller Menschen zu erkennen, schätzen, aktivieren und betriebswirtschaftlich zu nutzen (Höher und Höher 2007, S. 258). Mit dieser Schlüsselkompetenz ausgestattet können Führungskräfte und Mitarbeiter*innen theoriegeleitete Analysen und systematische Reflexionen aus der Diversitätsperspektive einnehmen. Durch eine bewusste Analyse von Individuen, Gruppen, Strukturen, Denksystemen, Organisationen und Institutionen lässt sich adäquates und diversitätssensibles Handeln ableiten (Abdul-Hussain und Hofmann 2013). Diversity-Kompetenz lässt sich off-the-job durch Trainings, Seminare und Workshops entwickeln und on-the-job in konkreten Arbeitssituationen, z. B. durch Teamsupervision erproben.

Diversity-Kompetenz kann auf vier verschiedenen Ebenen des Wissens, Könnens, Wollens und Dürfens entwickelt werden:

a) *Fachkompetenz:* Kognitive Fähigkeiten und Kenntnisse auf der Ebene des *Wissens* im Zusammenhang mit Vielfalt in der Organisation wie z. B. fundiertes Wissen über gesellschaftliches Diskriminierungspotenzial, Exklusion und Inklusion, Kenntnisse über die Entstehung von Stereotypen und Vorteile oder fachliches Wissen über Konzepte zur betrieblichen Inklusion oder Alternsmanagement.

b) *Methodenkompetenz:* Auf der Ebene des *Könnens* steht die Entwicklung von Erfahrungs- und Anwendungswissen im Fokus, um Diversity-Aspekte im eigenen Umfeld zu identifizieren und angemessen zu bearbeiten. Hierzu zählen Methoden der Analyse und Evaluationsverfahren oder Techniken der lernenden Organisation.

c) *Sozialkompetenz:* Die Ebene des *Wollens* meint die Fähigkeit zum Perspektivenwechsel und zur Reflexion eigener Werthaltungen und Einstellungen. Erhöhung der Veränderungs- und Lernbereitschaft. Identifikation mit Diversity-Zielen herstellen.

d) *Personale Kompetenz:* Ebene des *Dürfens* (soziale Kompetenzen): Ausbildung von Fähigkeiten zur Kooperation und Koordination, konstruktiver Umgang mit Widerständen und Konflikten: mitmenschliche Grundhaltung, Integrität, Anerkennung, Empathiefähigkeit, Kommunikationskompetenz, Konfliktklärungskompetenz, Ambiguitätstoleranz (Dreas und Rastetter 2016, S. 354).

Viele der genannten Kompetenzen sind Schlüsselkompetenzen, die Sozialarbeiter*innen, Erzieher*innen und Pädagogen*innen bereits in ihrer Ausbildung erworben haben und die sie in ihrer Arbeit täglich anwenden. Aufgabe der Personalentwicklung ist es, den Transfer zu Diversity herzustellen, um sowohl auf der Ebene der Führungskräfte als auch der Mitarbeiter*innen eine diversitätssensible Haltung zu entwickeln.

**Diversity-Trainings**
*Diversity-Trainings* sind ein weit verbreitetes Instrument, um Diversity-Kompetenz in der Organisation zu entwickeln und Vielfalt in den Unternehmensalltag zu bringen. Während in den 90er Jahren oftmals Defizite im Umgang mit Minderheiten oder bei den Zielgruppen selbst für die Durchführung von Trainings ausschlaggebend waren, wird inzwischen in vielen Unternehmen ein proaktiver Trainings-Ansatz verfolgt, der Diversity-Kompetenz als Erfolgsfaktor für das Kerngeschäft sieht (Gieselmann und Krell 2011, S. 200). Der Trainingsbedarf leitet sich aus der gewählten Diversity Strategie und dem Zielsystem ab und kann im Rahmen der Ist-Analyse ermittelt werden (s. Kap. 4.4). Neben dieser *sachlichen Komponente, was* überhaupt benötigt wird, stellt sich die Frage nach der *personellen Komponente, wer* soll überhaupt an den Trainings teilnehmen (ebd., S. 202). Es gilt also zu entscheiden, welche Beschäftigtengruppen trainiert werden und wie die Trainingsgruppen zusammengesetzt werden sollen. Denkbar sind Trainings für neue Mitarbeiter*innen, Auszubildende, Mitarbeiter*innen mit Kundenkontakt oder Teams im Rahmen des Teambuildings. Bei der Zusammensetzung gilt es zu überlegen, ob eher homogene oder gemischte Gruppen gebildet werden sollen. Werden nur Frauen oder Migranten*innen trainiert, können sie sich zwar in einem geschützten Raum austauschen, allerdings ist die Reichweite der Trainings sehr begrenzt. In gemischten Gruppen besteht die Gefahr, dass unterrepräsentierte Minderheiten zum Token werden bzw. dass Unterschiede überbetont werden (ebd., S. 204). So z. B., wenn der einzige türkische Kollege im Training gefragt wird, wie er kulturelle Differenz wahrnehme.

Die systematische Einführung von Diversity legt nahe, Trainings zunächst für die Führungskräfte durchzuführen und dann erst Angehörige hierarchisch nachgeordneter Ebene zu trainieren. Dadurch wird gewährleistet, dass

Führungskräfte als Change Agents den Prozess auf nachgeordneten Ebenen steuern und begleiten.

Gieselmann und Krell (2011, S. 206) unterscheiden zwischen zwei verschiedenen Trainingsarten, den Awareness-Trainings (Sensibilisierung) und den Skill-Building-Trainings (Vermittlung praktischer Fähigkeiten), die in der Praxis jedoch häufig miteinander kombiniert werden. Awareness-Trainings dienen der Bewusstseinsbildung und zielen auf die Veränderung von Einstellung und Verhalten. Gegenstand von Awareness-Trainings sind die verschiedenen Dimensionen von Vielfalt, die Rolle des Andersseins, die Entstehung von Stereotypen und Vorurteilen sowie konkrete Informationen über die Zusammensetzung der Belegschaft und der Klienten*innen. Dazu gehört auch zu verstehen, warum Diversity ein Wettbewerbsfaktor für die Organisation sein kann.

In Skill-Building-Trainings werden praktische Fertigkeiten und Fähigkeiten entwickelt, um Vielfalt im eigenen Arbeitsbereich zu managen (ebd., S. 207). Beispiele hierfür sind die Anwendung diskriminierungsfreier Praktiken im Umgang mit Mitarbeiter*innen oder die Entwicklung von konkreten Diversity-Maßnahmen für den eigenen Verantwortungsbereich. Hierunter fallen z. B. auch die gesetzlich vorgeschriebenen AGG-Schulungen.

**Awareness- und Skill-Building in der pädagogischen Arbeit: Der Anti-Bias-Ansatz**

Anti-Bias-Trainings enthalten sowohl bewusstseinsbildende Elemente als auch Lerneinheiten zum vorurteilsfreien Umgang mit Kindern, Jugendlichen und Erwachsenen. Der *Anti-Bias-Ansatz* ist ein Trainingskonzept der antidiskriminierenden Bildungsarbeit nach Derman-Sparks und Brunson-Philips, um anhand von biografischen Erfahrungen eigene Handlungsoptionen gegen Diskriminierung zu entwickeln (Derman-Sparks 1989; Derman-Sparks und Brunson-Phillips 1997). Ursprünglich für die Arbeit mit Vorschulkindern entwickelt, richten sich die Trainings an das Personal pädagogischer Einrichtungen in Kitas, Schulen und der Erwachsenenbildung. Teilnehmer*innen von Anti-Bias-Trainings reflektieren ihre eigene Macht- bzw. Ohnmachtsposition durch Fragen wie „In welchen Bereichen oder Situationen bin ich anderen überlegen?", „Wo bin ich privilegiert?" „Welche Erfahrungen mit Benachteiligung oder Ausgrenzung habe ich selbst gemacht?" (Anti-Bias-Werkstatt 2018). Die Trainings umfassen Methoden zum Aufzeigen von „Schieflagen", die durch universell gültige Normen der Mehrheitsgesellschaft entstehen. Wenden Sozialpädagogen*innen diese Normen unhinterfragt und unbewusst an, tragen sie selbst dazu bei, diese in den Einrichtungen zu reproduzieren (Gramelt 2010, S. 197). In Kitas orientieren sich Spielangebote, Materialien und Spielzeuge wie Puppen und Bilderbücher an Wertvorstellungen der deutschen bildungsbürgerlichen Mittelschicht. Durch Anti-Bias-Trainings sollen die Teilnehmer*innen eigene Verstrickungen in das vorherrschende Normengeflecht aufdecken und erkennen, welchen Anteil sie selbst an der Reproduktion dieser Normen haben (ebd., S. 197).

Durch Selbstreflexion sowie im Austausch mit der Gruppe soll der Blick auf Vorurteile und Differenzierungen gelenkt werden, um Diskriminierungspraktiken auf zwischenmenschlicher, institutioneller sowie gesellschaftlicher Ebene zu erkennen. Den Teilnehmer*innen soll dabei deutlich werden, dass Stereotype keine individuellen Fehlurteile sind, sondern gesellschaftliche institutionalisierte Muster von Wahrnehmungen und Einstellungen. Anti-Bias-Trainings verstehen sich nicht als einmalige Fortbildung, sondern als langfristig z. T. lebenslang angelegte Arbeit an der Veränderung von Haltungen (Anti-Bias-Werkstatt 2018).

Als *Trainingsmethoden* eignen sich interaktive Verfahren wie Kooperations-, Kommunikations- und Bewegungsübungen, Rollen- und Planspiele, selbstreflexive Verfahren wie Perspektivenwechsel oder Biografiearbeit, produktionsorientierte Verfahren wie Theater oder Collagen, aber auch analytische Verfahren wie Gesprächs- und Filmanalysen oder Fallarbeit. Theoretisches Wissen lässt sich durch Expertenvorträge, klassische Workshops, E-Learning und Blended Learning, einer Kombination von Präsenzveranstaltungen und computergestütztem Lernen, vermitteln. Methoden zur Konflikt- und Problembearbeitung sind Coachings, Mediation und Konfliktmanagement. Auch in Großgruppen lassen sich Diversity-Themen bearbeiten und -Kompetenzen entwickeln, z. B. in Open Space Konferenzen, World-Cafés oder Zukunftswerkstätten (Dreas und Rastetter 2016, S. 359).

Die *Erfolgskontrolle* von Diversity-Trainings kann auf verschiedenen Ebenen erfolgen. Unmittelbar nach Abschluss des Trainings kann durch persönliches Feedback der Teilnehmenden oder durch einen Fragebogen Prozesse der Einstellungsveränderung und des Fähigkeits- und Wissenserwerbs erhoben werden. Wirkungen darüber hinaus, z. B. die Anwendung im Arbeitsalltag oder Veränderungen im Umgang mit Minderheiten sind jedoch schwierig zu messen (s. Kap. 6).

## 5.4 Personalführung und Teamentwicklung

Bei der Zielsetzung, Einführung und Steuerung von Diversity Management nehmen die Führungskräfte in der Organisation als Vorbild und Gestalter eine Schlüsselrolle ein. Sie treffen die Entscheidung, ob und in welchem Ausmaß Diversity Management in der Organisation implementiert wird und wie der Erfolg

## 5.4 Personalführung und Teamentwicklung

der Maßnahmen kontrolliert wird. Die Förderung einer heterogenen Belegschaft und die Ausrichtung der Organisation auf zunehmend vielfältige Kunden*innen, Patienten*innen oder Klienten*innen werden damit zu einem Bestandteil der strategischen Unternehmensführung.

Nach Wunderer wird Führung „verstanden als wert-, ziel- und ergebnisorientierte, aktivierende und wechselseitige soziale Beeinflussung zur Erfüllung gemeinsamer Aufgaben in und mit einer strukturierten Arbeitssituation" (Wunderer 2018, S. 165). Die Einbettung von Diversity in klassische Führungsinstrumente wie Zielvereinbarungen oder Mitarbeitergespräche, kann also dazu beitragen die Leistungsmotivation der Mitarbeiter*innen zu verbessern.

*Management by Objectives* ist ein Verfahren der Personalführung, bei dem die Organisationsziele über einzelne Organisationseinheiten bis auf die einzelnen Mitarbeiter*innen heruntergebrochen werden. Mit den Mitarbeiter*innen werden für einen definierten Zeitraum individuelle Ziele festgelegt, an deren Erreichung sie gemessen werden (Holtbrügge 2015, S. 231). Der Verzicht auf detaillierte und starre Verfahrensregelungen soll Mitarbeiter*innen motivieren und kreative Potenziale freisetzen. Mitarbeitergespräche dienen dazu, um Fragen der Führung und der Zusammenarbeit mit der Leitung, die Bewältigung von Arbeitsaufgaben, die Zufriedenheit mit der Arbeitssituation und mögliche Entwicklungsziele der Mitarbeiter*innen festlegen zu können (Rannenberg-Schwerin 2012, S. 17). Jede*r Mitarbeiter*in kann dabei selbst entscheiden, welchen Weg sie*er zur Erfüllung des Ziels auswählt. Individuelle Diversity-Ziele einer Kindheitspädagogin in einer Inklusionskita könnten sein:

- Die Aktualisierung von Fachwissen zum Thema Inklusion
- Die Erstellung eines Inklusionskonzepts für die Kita
- Die Koordination aller erforderlichen Aktivitäten zur Einführung des neuen pädagogischen Konzepts

Zielvereinbarungen werden Regel in der Regel in Form von Mitarbeitergesprächen geschlossen, die mindestens einmal im Jahr stattfinden sollten. Mitarbeitergespräche bieten Raum, Absprachen über die weitere Zusammenarbeit zu treffen und sich über berufliche Perspektiven und Ziele auszutauschen. In Bezug auf Diversity können folgende Punkte angesprochen werden:

- In welchen Bereichen ihres Arbeitsumfeldes spielt Vielfalt eine Rolle? Klienten*innen/Kollegen*innen/Netzwerkpartner/Fachliche Stellen
- Wo nehmen Sie Diversity positiv wahr, wo gibt es Schwierigkeiten in Bezug auf Diversity?

- Welche Ziele haben Sie erreicht bzw. nicht erreicht?
- Was ist Ihnen gut, was ist Ihnen weniger gut gelungen?
- Was hätten Sie sich anders gewünscht?
- Was hat Ihre Arbeit gefördert, was hat Sie eher behindert?
- Welche Ziele setzen Sie sich?
- Welche Ziele sind für die pädagogische, sozialarbeiterische, pflegerische Arbeit wichtig?
- Welche Unterstützung/Hilfe benötigen Sie zur Erreichung der Ziele von der Leitung?

Mitarbeitergespräche zahlreicher Studien aus der Sozialpsychologie, Soziologie und Personalforschung liefern wertvolle Erkenntnisse, sind jedoch nicht eindeutig. So gilt nicht zwangsläufig „Je mehr Diversity, umso besser". Heterogene Gruppen haben zwar Vorteile in Bezug auf Produktivität, Effektivität, Innovationsfähigkeit und Kreativität, aber auch Nachteile wie erschwerte Kommunikation, geringere Stabilität, geringere Kohäsion, verringerte Arbeitszufriedenheit oder erhöhten Stress. Positive und negative Effekte können dabei gleichzeitig auftreten.

So widersprechen sich Studienergebnisse in Bezug auf das Ausmaß von Diversity: eine Gruppe von Autoren*innen hat herausgefunden, dass ein mittleres Ausmaß von Diversity die positivsten Effekte im Hinblick auf das Gruppenergebnis hat (umgekehrte U-Funktion) während eine andere Gruppe von Autor*innen zu genau gegenteiligen Ergebnissen kam: eine mittleres Ausmaß von Diversity führe eher zu geringeren Gesamtleistungen (U-Funktion), während geringe bzw. sehr hohe Heterogenität zu positiven Leistungen führe (Rastetter 2006, S. 88).

Ein typisches Gruppenphänomen ist die Tendenz Vielfalt zu unterdrücken, indem abweichende Meinungen nicht akzeptiert werden oder indem die Mitglieder einen Konsens um jeden Preis anstreben. Mitglieder mit abweichender Meinung tendieren dazu, ihre Gruppenmeinung anzupassen, wodurch wertvolle Kreativitätspotenziale verloren gehen (ebd., S. 91 f.).

Führungskräfte können sich die Erkenntnisse zunutze machen, indem sie bei der *Teamentwicklung und Teamführung* folgende Grundsätze beachten (vgl. hierzu Lüthi et al. 2013, S. 34 und Rastetter 2006, S. 92):

- Teams sollten nicht zu asymmetrisch zusammengesetzt werden, weil Angehörige von Minderheiten nach Akzeptanz streben;
- Neue Mitglieder in bestehenden Teams sollten ermuntert werden, ihre Meinung kritisch zu äußern;

- Herausarbeiten von Gemeinsamkeiten und Unterschieden in Bezug auf Arbeitsweise, Verhalten und Werte;
- Minderheiten sollten nicht in Teams versetzt werden, die schon lange in gleicher Besetzung arbeiten. Es bestehen bereits enge Bindungen sowie die Gefahr des Token-Status;
- Sensibilisierung des Teams für Konflikte in heterogenen Gruppen. Diese treten auf bei großen Altersunterschieden, geschlechtsspezifischer Polarisierung, kulturellen Differenzen in multiethnischen Teams, unterschiedlichen Familiensituationen, Wertesystemen oder Problemen mit sozialem Status (Lüthi et al. 2013, S. 34).

Maßnahmen der Teamentwicklung fördern die Kommunikation, tragen zu einem besseren Verständnis bei, sorgen für Transparenz und erfüllen eine wichtige Funktion zu einem sachlichen Umgang mit Heterogenität. Eine Organisation, die Diversity Management lebt, kann über diesen Weg systematische Rückmeldungen über den Stand zur Umsetzung und Zielerreichung erhalten. Führungskräfte können zudem anregen, dass die Teammitglieder Probleme im alltäglichen Umgang mit Diversity in kollegialen Fallberatungen und Supervisionen thematisieren.

## 5.5 Vergütung

Noch immer zeigt sich eine Lücke zwischen den Gehältern von Männern und Frauen. Dies betrifft auch den Sektor der Sozialwirtschaft. Seit den letzten zehn Jahren liegt der durchschnittliche Bruttostundenverdienst von Frauen konstant 22 % unter dem der Männer. Diese unbereinigte geschlechtsspezifische Lohnlücke oder *Gender Pay Gap* berücksichtigt jedoch nicht objektiv erklärbare Unterschiede, z. B. dass Frauen oftmals schlechter bezahlte Berufe wählen, in kleineren Betrieben arbeiten oder in weniger lukrativ tätigen Teilzeitstellen tätig sind. Der sogenannte bereinigte Gender Pay Gap dagegen vergleicht Männer und Frauen, die sich hinsichtlich ihrer Qualifikation, ihrer Berufstätigkeit, der Anzahl der Dienstjahre, der Region und der Branche nicht wesentlich unterscheiden (Klenner et al. 2016, S. 6). Derzeit liegt der bereinigte Gender Pay Gap bei acht Prozent. Da sich diese Differenz nicht durch nachvollziehbare Faktoren erklären lässt, geht man davon aus, dass dieser Unterschied zum Teil auf Diskriminierung und strukturelle Benachteiligung zurück geht. Ein Grund könnte sein, dass Frauen ihr Gehalt weniger erfolgreich verhandeln als Männer oder dass Frauen nach längerer Elternzeit seltener Beförderungen erhalten. Das WSI kommt in einer Studie zum Ergebnis, dass Betriebe, die Tarifverträge einsetzen, einen viel geringeren Gender Pay Gap aufweisen als andere (ebd., S. 5). Eine Möglichkeit, Lohndiskriminierung in der Organisation zu vermeiden, kann der Einsatz von Prüfinstrumenten wie *Logib D* oder *EG-Check* sein, mit denen sich Entgeltstrukturen im Betrieb unter Geschlechtergesichtspunkten analysieren lassen.

*Logib D* (Lohnungleichheit im Betrieb – Deutschland) ist ein Analyseinstrument basierend auf der statistischen Regressionsanalyse, mit der Personalverantwortliche mögliche Entgeltunterschiede zwischen Männern und Frauen in ihrem Betrieb aufdecken können. Dazu müssen personen- und arbeitsplatzbezogene Informationen wie Alter, Ausbildung, Berufserfahrung, Anzahl der Betriebszugehörigkeitsdauer, berufliche Stellung und Anforderungsprofil für jede*n Mitarbeiter* in eine Excel-Anwendung oder ein Online-Tool eingegeben werden. Im Ergebnis kann durch die Kontrolle der genannten Merkmale der Einfluss des Merkmals Geschlecht auf die Entgelthöhe bestimmt werden. So können Männer und Frauen mit gleichem Alter, gleicher Qualifikation und gleichen Dienstjahren verglichen werden (BMFSFJ 2010). Logib D wird vom Bundesministerium für Familie, Senioren, Frauen und Jugend kostenlos zum Download zur Verfügung gestellt.

Allerdings kann mit Logib-D nicht geprüft werden, ob gleiches Entgelt für gleiche oder gleichwertige Arbeit gezahlt wird, da die konkrete Arbeit von Frauen und Männern nicht Prüfgegenstand ist. Damit eignet sich die Anwendung nicht, um Unterbewertung von Arbeit bestimmter Berufsgruppen sichtbar zu machen (zur ausführlichen Kritik an Logib D vgl. Tondorf 2009). Außerdem enthalten die in Logib D verwendeten Variablen selbst Diskriminierungspotenzial, wie z. B. potenzielle Erwerbsjahre, die Frauen mit familiär bedingter Unterbrechung in geringerem Maße aufweisen (ebd.). Inzwischen wurde das Tool um die Variable Erwerbsunterbrechung erweitert. Der Paritätische Wohlfahrtsverband in Bayern, der 800 Mitgliedsorganisationen vertritt und selbst Arbeitgeber für rund 1800 Beschäftigte ist, hat seine Vergütungspraxis mithilfe von Logib-D überprüft und den organisationsinternen Gender Pay Gap innerhalb der letzten drei Jahren von 6,1 % auf 1,6 % gesenkt. (Der Paritätische in Bayern 2018).

Das Instrument *EG-Check* wurde 2013 von der Antidiskriminierungsstelle des Bundes mit Unterstützung der Hans-Böckler-Stiftung von Karin Tondorf und Andrea Jochmann-Döll entwickelt. Mithilfe verschiedener Instrumente können Angehörige verschiedener Berufsgruppen im Betrieb miteinander verglichen und Unterbewertung von Arbeit sichtbar gemacht werden. Statistiken ermöglichen einen direkten Vergleich von anonymisierten Entgeltdaten differenziert nach Geschlecht. Regelungs-Checks enthalten Leitfragen, um mittelbar oder unmittelbar diskriminierende Bestimmungen in entgeltrelevanten Regelungen wie Betriebs- und Dienstvereinbarungen oder Tarifverträgen aufzudecken. In Paarvergleichen werden weibliche und männliche Beschäftigte direkt miteinander verglichen. Dabei werden die zu vergleichenden Arbeitsplatzanforderungen in Einzeltätigkeiten zerlegt und entsprechend dem jeweiligen Schwierigkeits- oder Anforderungsgrad mit Punkten bewertet. Damit kann z. B. aufgedeckt werden, dass eine Küchenleiterin einer Kantine aufgrund der strengen Hygienevorschriften mehr Verantwortung hat und durch ihre körperliche Arbeit höhere Anforderungen erfüllen muss als ein Werkstattmeister mit drei Mitarbeiter*innen, obwohl letzterer ein höheres Gehalt bezieht (Antidiskriminierungsstelle des Bundes 2018). Dieses Verfahren ist jedoch sehr aufwendig und wird daher in der Praxis seltener angewendet. Das Bundesministerium für Familie, Senioren, Frauen und Jugend hat auf der Basis des EG-Checks den kostenfreien *Monitor Entgelttransparenz* entwickelt.

**Fragen zur Übung und Kontrolle des Lernerfolgs**
1. Was versteht man unter Employer Branding? Wie könnte eine Kampagne für eine ambulante Tagesklinik zur Gewinnung von Pflegepersonal mit Migrationshintergrund aussehen?
2. Erläutern Sie den Begriff Management by Objectives.
3. Die Kita „Grashüpfer" möchte sich zu einer Inklusionskita entwickeln. Wie könnte eine Zielvereinbarung zwischen der Leiterin Sabine Krause und der Erzieherin Maike Fischer aussehen?
4. Welche Grundsätze aus der Gruppenforschung sollten Führungskräfte bei der Entwicklung von heterogenen Teams beachten?
5. Erklären Sie die Begriffe Awareness-Training und Skill-Building-Training. Wie lässt sich mit diesen Trainingsarten Diversity-Kompetenz entwickeln?
6. Erklären Sie den Unterschied zwischen dem unbereinigten und bereinigten Gender Pay Gap.

## Literatur

Abdul-Hussain, S., & Hofmann, R. (2013). Definition Diversitätskompetenz. http://www.erwachsenenbildung.at/themen/diversitymanagement/grundlagen/. Zugegriffen: 12. Juli 2018.

Anti-Bias-Werkstatt (2018). Was ist Anti-Bias? http://www.anti-bias-werkstatt.de/?q=de/content/was-ist-der-anti-bias-ansatz. Zugegriffen: 12. Juli 2018.

Antidiskriminierungsstelle des Bundes (2018). Entgeltgleichheit. http://www.eg-check.de/eg-check/DE/Wie_wende_ich_eg_check_an/Schritt_fuer_Schritt/_node.html. Zugegriffen: 12. Juli 2018.

BMFSFJ (2010). Prüfinstrument Logib D. https://www.bmfsfj.de/blob/94230/d7d01ca61 a5f2347bf3bd429d1c5099d/logib-d-lohngleichheit-im-betrieb-deutschland-data.pdf. Zugegriffen: 12. Juli 2018.

Bode, S. (2012). Personalmanagement in der Sozialen Arbeit. In R. Bieker & E. Vomberg (Hrsg.), *Management in der Sozialen Arbeit* (S. 91–112). Stuttgart: Kohlhammer.

Derman-Sparks, L. (1989). Anti-bias curriculum: tools for empowering young children. In L. Derman-Sparks & Anti-Bias Curriculum Task Force (Hrsg.), *Anti-bias curriculum: tools for empowering young children*. Washington DC: National Association for the Education of Young Children.

Derman-Sparks, L., & Brunson-Phillips, C. (1997). *Teaching/Learning Anti-Racism. A Developmental Approach.* New York: Teachers College Press.

Der Paritätische in Bayern (2018). Lohnungleichheit beim Paritätischen. https://www.paritaet-bayern.de/themen/frauen-und-maedchen/equal-pay-day/logib-d/. Zugegriffen: 12. Juli 2018.

Dreas, S. A., & Rastetter, D. (2016). Die Entwicklung von Diversity Kompetenz als Veränderungsprozess. In P. Genkova & T. Ringeisen (Hrsg.), *Handbuch Diversity Kompetenz. Band 1: Perspektiven und Anwendungsfelder* (S. 351–369). Wiesbaden: Springer.

Gieselmann, A., & Krell, G. (2011). Diversity-Trainings: Verbesserung der Zusammenarbeit und Führung einer vielfältigen Belegschaft. In G. Krell, R. Ortlieb & B. Sieben (Hrsg.), *Chancengleichheit durch Personalpolitik. Gleichstellung von Frauen und Männern in Unternehmen und Verwaltungen. Rechtliche Regelungen – Problemanalysen – Lösungen* (S. 199–218). 4. Aufl. Wiesbaden: Gabler.

Gramelt, K. (2010). *Der Anti-Bias-Ansatz. Zu Konzept und Praxis einer Pädagogik für den Umgang mit (kultureller) Vielfalt.* Wiesbaden: VS Verlag für Sozialwissenschaften.

Haas, M., & Koeszegi, S. (2015). Spiel mit mir. Die Konstruktion von Geschlecht und Professionalität in Organisationen – eine Rahmenanalyse. Forum Qualitative Sozialforschung. http://dx.doi.org/10.17169/fqs-18.3.2587. Zugegriffen: 12. Juli 2018.

Höher, F., & Höher, P. (2007). Personalprozesse – (K)Ein diskriminierungsfreier Raum? In I. Koall, V. Bruchhagen & F. Höher (Hrsg.), *Diversity Outlooks. Managing Diversity zwischen Ethik, Profit und Antidiskriminierung, Bd. 6* (S. 223–263). Hamburg: Lit Verlag.

Holtbrügge, D. (2015). *Personalmanagement.* 6. Aufl. Berlin und Heidelberg: Springer Gabler.

Janker, K. (2014). Bewerbung als Führungskraft. Warum Frauen sich nicht trauen. http://www.sueddeutsche.de/karriere/bewerbung-als-fuehrungskraft-warum-frauen-sich-nicht-trauen-1.1976961. Zugegriffen: 11. Juli 2018.

Klenner, C., Schulz, S., & Lillemeier, S. (2016). Gender Pay Gap – die geschlechtsspezifische Lohnlücke und ihre Ursachen. In Hans-Böckler-Stiftung (Hrsg.), *Policy Brief WSI 07/2016*.

Krisor, S. M., & Köster, G. M. (2016). Diversity Management – Definition, Konzept und Verständnis im Human Resource Management. In P. Genkova & T. Ringeisen (Hrsg.), *Handbuch Diversity Kompetenz* (S. 89–104). Wiesbaden: Springer.

Miebach, B. (2015). *Handbuch Human Resource Mangement. Das Individuum und seine Potenziale für die Organisation.* Wiesbaden: Springer VS.

Priller, E. et al. (2012). Dritte-Sektor-Organisationen heute: Eigene Ansprüche und ökonomische Herausforderungen. Ergebnisse einer Organisationsbefragung. Wissenschaftszentrum Berlin für Sozialforschung. https://www.wzb.eu/system/files/docs/ende/zeng/dso_gesamt_finale_23-05-2013_online.pdf. Zugegriffen: 12. Juli 2018.

Rannenberg-Schwerin, P. (2012). Leitung der Kindertageseinrichtung. In U. Carle & G. Köppel (Hrsg.), *Handreichungen zum Berufseinstieg von Elementar- und KindheitspädagogInnen – Heft B11*. Universität Bremen: Arbeitsgebiet Elementar- und Grundschulpädagogik.

Rastetter, D. (2006). Managing Diversity in Gruppen. In G. Krell & H. Wächter (Hrsg.), *Diversity Management* (S. 81–108). München und Mering: Hampp.

Stuber, M. (2009). *Diversity. Das Potenzial-Prinzip. Ressourcen aktivieren – Zusammenarbeit gestalten*. 2. Aufl. Köln: Luchterhand.

Tondorf, K. (2009). „Logib D" – Ein Weg zur Entgeltgleichheit? *djbz – Zeitschrift des Deutschen Juristinnenbundes e. V., 3/2009* (S. 130–133).

Wunderer, R. (2018). *Führung und Zusammenarbeit im Märchen und in Arbeitswelten*. Wiesbaden: Springer Gabler. https://doi.org/10.1007/978-3-658-18167-3.

## Weiterführende Literatur

Krisor, S. M., & Köster, G. M. (2016). Diversity Management – Definition, Konzept und Verständnis im Human Resource Management. In P. Genkova & T. Ringeisen (Hrsg.), *Handbuch Diversity Kompetenz* (S. 89–104). Wiesbaden: Springer.

Heide-Winter, C. (2014). *Employer Branding in der Sozialwirtschaft. Wie Sie als attraktiver Arbeitgeber die richtigen Fachkräfte finden und halten*. Wiesbaden: Springer Gabler.

Gieselmann, A., & Krell, G. (2011). Diversity-Trainings: Verbesserung der Zusammenarbeit und Führung einer vielfältigen Belegschaft. In A. Gieselmann & G. Krell (Hrsg.), *Chancengleichheit durch Personalpolitik. Gleichstellung von Frauen und Männern in Unternehmen und Verwaltungen. Rechtliche Regelungen – Problemanalysen – Lösungen* (S. 199–218). 4. Aufl. Wiesbaden: Springer Gabler.

## Webseiten zur Vertiefung

Prüfinstrumente Logib D, EG-Check und Monitor Entgelttransparenz zur Herstellung von Entgeltgleichheit. Kostenfreier Download von der Homepage des Bundesministerium für Familie, Senioren, Frauen und Jugend: https://www.bmfsfj.de/bmfsfj/themen/gleichstellung/frauen-und-arbeitswelt/lohngerechtigkeit/entgelttransparenzgesetz.

# Nutzenmessung von Diversity-Maßnahmen

**6**

**Lernziele**

- Grundbegriffe des Controllings verstehen und für die Erfolgskontrolle für Diversity Management anwenden können.
- Wirkungsebenen von Diversity Management unterscheiden und Kennzahlen und Indikatoren zur Wirkungsmessung bilden können.
- Verschiedene betriebswirtschaftliche Verfahren und Instrumente zur Nutzenmessung von Diversity-Maßnahmen kennenlernen.
- Möglichkeiten und Grenzen der Nutzenmessung von Diversity-Management einschätzen können.

## 6.1 Grundbegriffe: Controlling und Diversity Controlling

Das Controlling dient dazu, mithilfe von Kennzahlen das wirtschaftliche Handeln sowohl für die Gesamtorganisation als auch für einzelne Teilbereiche regelmäßig zu überprüfen (Merchel 2015, S. 172). Es ermöglicht die Steuerung und Lenkung von betriebswirtschaftlichen Prozessen und umfasst die Planung, Information, Analyse und Steuerungsentscheidung (ebd., S. 176).

Das strategische Controlling verfolgt die Steuerung und Überprüfung langfristiger Ziele und Erfolgspotenziale einer Organisation (tun wir die richtigen Dinge?). Hierzu gehört die Sammlung von Informationen über das Organisationsumfeld und die eigene Position auf dem Markt. Dagegen konzentriert sich das operative Controlling auf die kurz- und mittelfristige Planung und Kontrolle (tun wir die Dinge richtig?). Als Grundlage dienen Zahlen, Daten und quantifizierbare Größen, die sich als Kosten und Leistung darstellen lassen. Im Vordergrund des Controllings steht die Steuerung der Organisationsziele durch ständige Kontrolle und Abweichungsanalysen. Dazu werden die Daten beschafft und im Rahmen des kontinuierlichen Berichtswesens an das Management zur Entscheidungsfindung übermittelt (ebd., S. 178 f.). Kern des Controllings ist das Berichtswesen: aufbereitete Kennzahlen zur Analyse von Soll-Ist-Abweichungen und systematische Überlegungen zu möglichen Korrekturmaßnahmen (ebd., S. 176).

Die Wirkung von Diversity Management kann auf verschiedenen Wirkungsebenen erhoben werden:

- Auf der Ebene der durchgeführten Aktivitäten (Output),
- auf der Ebene von Veränderungen (Outcome),
- auf der Ebene Kosten-Nutzen (Return on Investment),
- auf der Ebene von Wirkungen im Umfeld (Impact).

Der Output beschreibt die quantitative Leistungsmenge, also die direkten und unmittelbaren Ergebnisse der durchgeführten Aktivitäten (Grunwald 2014, S. 56), wie z. B. die Anzahl der Führungskräfte, die an einem Sensibilisierungstraining teilgenommen hat, die Zunahme von männlichen Bewerbern für eine Erzieherstelle nach der Schaltung einer Anzeigenkampagne „Männer in die Kita" oder die Anzahl der Väter, die nach der Einführung familienfreundlicher Maßnahmen in Elternzeit gehen. Eine Erfolgskennzahl für den Output eines LGBT-Netzwerkes könnte die Häufigkeit organisationsinterner Veranstaltungen und die Anzahl der Mitglieder sein. Hierzu gehört auch die Bewertung der Leistungen durch die Zielgruppe.

Outcome bezeichnet Wirkungen auf der Ebene der Zielgruppe, die sich aus der Inanspruchnahme von Leistungen (Output) ergeben. Auf dieser Ebene wird erhoben, ob die Zielgruppe über neues Wissen, neue Fertigkeiten, neue Fähigkeiten oder eine veränderte Einstellung verfügt und ggf. auch ihr Handeln verändert. So kann durch eine Befragung drei Monate nach dem Sensibilisierungstraining ermittelt werden, ob die Führungskräfte bewusster mit eigenen Vorurteilen und Stereotypen in ihrer Arbeitspraxis umgehen. In der Kita könnte erhoben werden, wie Kolleginnen, Kinder und ihre Eltern die Zusammenarbeit bzw. Betreuung durch die männlichen Erzieher wahrnehmen. Ein Outcome-Indikator für Väter, die Elternzeit genommen haben, ist eine höhere Arbeitszufriedenheit und langfristig eine längere Betriebszugehörigkeit. Durch die Arbeit des LBGT-Netzwerks ist in der Organisation eine offenere

Kommunikation über bewusste und unbewusste Diskriminierungen von Schwulen und Lesben wahrnehmbar, z. B. in der Mitarbeiterzeitung oder im Intranet.

Als Impact werden erwünschte soziale oder ökonomische Veränderungen auf der organisationalen bzw. der gesellschaftlichen Ebene betrachtet, die durch oben beschriebene Verhaltensänderungen entstehen. In der Regel handelt es sich um Wirkungen im Umfeld der Zielgruppe. So können sich Diversity-Maßnahmen positiv auf das Betriebsklima, die Mitarbeiterzufriedenheit, die Produktivität oder die Betriebszugehörigkeit auswirken. In der Praxis gestaltet sich eine Nutzenmessung auf der Impact-Ebene jedoch als äußerst schwierig und ist in der Regel nur mit ausgefeilten Erhebungsmethoden möglich. Viele Studien kommen hier zu ambivalenten Ergebnissen, z. B. zwischen durchgeführten Diversity-Maßnahmen und Teamergebnissen. Die Studie von Merklein konnte einen Einfluss von Maßnahmen zu flexiblen Arbeitszeiten auf Karrierechancen und Mitarbeiterzufriedenheit nachweisen, ebenso einen positiven Einfluss von flexiblen Arbeitszeitmodellen und Förderangeboten im Berufsleben auf die Zufriedenheit mit Diversity Management in der Organisation. Die Autorin stellte eine Korrelation zwischen der Bewertung von gelebter Vielfalt innerhalb der Organisation sowie dem Outing der sexuellen Identität am Arbeitsplatz fest (Merklein 2017, S. 242).

Da es oftmals schwierig ist, einen Kausalzusammenhang zwischen Ursache und Wirkung herzustellen, können zur Messung von Impact verschiedene Erhebungen durchgeführt werden: Denkbar sind Mitarbeiterbefragungen zur Ermittlung der Mitarbeiterzufriedenheit. Möglich wäre auch ein quasi-experimentelles Vorgehen wie ein Vergleich der Einstellung von Führungskräften, die an einem Diversity-Training teilgenommen haben mit einer Gruppe, die nicht an der Maßnahme teilgenommen hat. Diese Verfahren könnten durch Einrichtungsbesuche und Fokusgruppen zur Klärung von intendierten und nicht-intendierten Wirkungen ergänzt werden. Macha et al. haben Wirkungen des Projekts „Future is Female" zur Förderung von Frauen in Führungspositionen in 20 bayerischen Unternehmen untersucht. Dazu haben sie ein umfangreiches Instrumentarium mit Gruppendiskussionen und Artefaktanalysen (Websites, Dokumente der Unternehmenskommunikation, Protokolle etc.) entwickelt, um Veränderungen der Unternehmenskultur auf der Output-, Outcome- und Impactebene zu erfassen. Über verschiedene Indikatoren konnten die Autorinnen nachweisen, dass Wissensbestände zu Gender und Diversity als Ergebnis von organisationalem Lernen nachhaltig in der Organisation verankert werden konnten (Macha et al. 2017, S. 227 ff.). In der Praxis sind diese Verfahren jedoch aufwendig und werden eigentlich nur im Rahmen akademischer Forschung umgesetzt.

## 6.2 Diversity Scorecard

Die *Balanced Scorecard (BSC)* ist ein von Robert S. Kaplan und David P. Norton entwickeltes Instrument zur Überwachung und Umsetzung der Organisationsstrategie mithilfe von Kennzahlen. Sie dient der Messung, Dokumentation und Steuerung aller relevanten Aktivitäten, die aus vier Perspektiven betrachtet werden: 1. der Finanzperspektive, 2. der Kundenperspektive, 3. der internen Prozessperspektive und 4. der Lern- und Entwicklungsperspektive (Abb. 6.1). Durch die Erweiterung auf nicht-monetäre Aspekte wie z. B. die Messung von Kundenzufriedenheit oder Mitarbeiterkompetenzen soll eine zu enge Fokussierung der Organisation auf rein finanzielle Aspekte und ausschließlich ökonomische Kennzahlen vermieden werden (Norton und Kaplan 1997). Damit eignet sich die BSC insbesondere auch für Organisationen der Sozialwirtschaft, von denen eine Vielzahl keine Gewinnerzielungsabsicht verfolgt. Für jede Perspektive werden Ziele festgelegt und Kennzahlen entwickelt, um den Grad der Zielerreichung zu messen.

Ein Vorteil der BSC ist ihre flexible Nutzung und Anpassung an die Bedarfe der Organisation. So haben verschiedene Autoren*innen auf Grundlage der BSC Modelle entwickelt, um den Erfolg der Diversity-Strategie innerhalb einer Organisation zu messen.

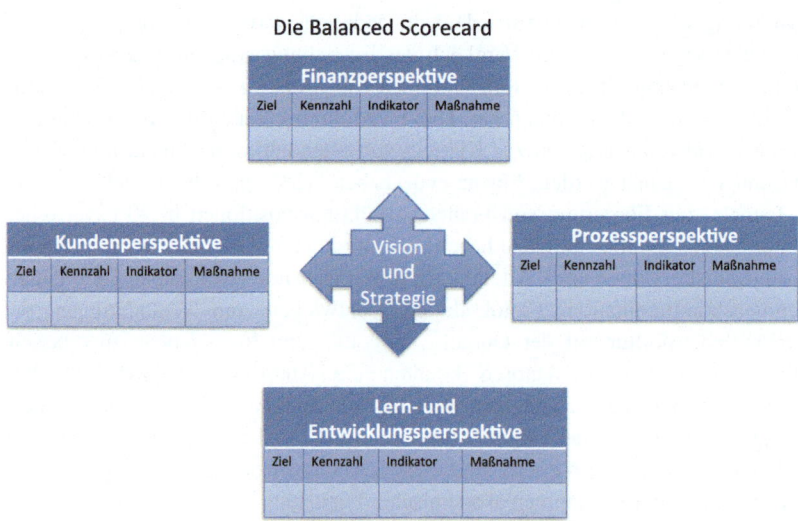

**Abb. 6.1** Die Balanced Scorecard. (Quelle: Gabler Wirtschaftslexikon 2018)

## 6.2 Diversity Scorecard

Im Jahr 2004 hat Edward Hubbard die klassische BSC zu einer *Diversity Scorecard* weiterentwickelt, welche die Wirkungen von Diversity Management in sechs verschiedenen Bereichen misst und dabei auch kulturelle Veränderungen erfasst (Hubbard 2015). Die sechs Perspektiven werden in Abb. 6.2 dargestellt:

**Bildung von Kennzahlen zur Steuerung von Diversity-Maßnahmen**
Betriebswirtschaftliche Kennzahlen und Berichtssysteme sind Bestandteil des betrieblichen Informationssystems, aus dem Unternehmensleitung und Beschäftigte notwendige Informationen erhalten, um Entscheidungen zu treffen (Gladen 2003, S. 1). *Kennzahlen* geben Auskunft über Fakten, Vorgänge, Entwicklungstendenzen, Ziele, Strukturen, Prozesse und Ergebnisse Bouncken et al. 2015, S. 114), dabei wird zwischen *monetären Kennzahlen* wie z. B. der Eigenkapitalrentabilität und nicht-monetären, sogenannten *performanceorientierten Kennzahlen* unterschieden (Gladen 2003, S. 39). Beispiele für eine performanceorientierte Kennzahl sind die Krankheitsquote oder Mitarbeiterzufriedenheit. Kennzahlen sind stark verdichtet und berichten über einen betrieblichen Sachverhalt in komprimierter Form (ebd., S. 12). Zur Steuerung von Diversity-Maßnahmen spielen vor allem personenbezogene Kennzahlen eine zentrale Rolle. Durch sie erhält die Geschäftsleitung Informationen über die aktuelle Belegschaft, die personelle Dynamik, die Position im Wettbewerb, die Aufstellung im Vergleich zur Konkurrenz, die personelle Flexibilität sowie personelle und unternehmerische Zielsetzungen (Bouncken et al. 2015, S. 115). Bouncken et al. unterscheiden zwischen weichen und harten Faktoren (Abb. 6.3):

Obwohl diversitätsbezogene Kennzahlen häufiger qualitative Aspekte umfassen, lässt sich mit monetären Kennzahlen auch ein ökonomischer Nutzen der Diversity-Strategie ermitteln.

Eine zentrale Kennzahl zur Messung des ökonomischen Nutzens im Rahmen der Finanzperspektive ist *der Diversity Return on Investment (DROI)*. Der DROI setzt den monetären Nutzen von Diversity-Maßnahmen ins Verhältnis zum eingesetzten Kapital und lässt sich nach folgender Formel berechnen:

$$Diversity\,Return\,on\,Investment = \frac{Gewinn}{eingesetztes\,Kapital} \times 100$$

Ist der DROI positiv, hat sich die Investition in die Diversity-Maßnahme gelohnt, denn der monetäre Nutzen ist größer als das eingesetzte Kapital. Ein negativer DROI zeigt dagegen an, dass die Kosten für die Diversity-Maßnahme höher lagen als der Ertrag.

Dies soll durch folgendes Beispiel veranschaulicht werden:

| 1. Selbstverpflichtung der Leitungsebene | |
|---|---|
| **Fragestellung** | **Kennzahlen für das Controlling** |
| Wie stellen wir als Führungskräfte sicher, dass Diversity Management in der Organisation tatsächlich gelebt wird? | Stellenwert von Diversitätskriterien in der Balanced Scorecard, Diversität der obersten Leitungsebene, Leistungsbezüge für Führungskräfte |
| **2. Personelle Vielfalt in der Belegschaft** | |
| **Fragestellung** | **Kennzahlen für das Controlling** |
| Wie sollte unsere Belegschaft aussehen, um die Bedürfnisse unserer Kunden*innen/Klienten*innen zu treffen? Wie können wir unsere Kunden*innen/Klienten*innen halten? | Demographische Analyse der Mitarbeiterdaten, z. B. nach Alter, Geschlecht oder Herkunft Personelle Vielfalt in leitenden Positionen Abgleich zwischen Mitarbeiter- und Klientendemographie |
| **3. Arbeitsklima** | |
| **Fragestellung** | **Kennzahlen für das Controlling** |
| Wie erhalten wir ein produktives Arbeitsklima, das unsere Mitarbeiter*innen motiviert? | Anzahl von Beschwerden, Punktwert Mitarbeiterzufriedenheit, Krankenstand, Fluktuation, Betriebszugehörigkeit |
| **4. Lernen und Innovationen** | |
| **Fragestellung** | **Kennzahlen für das Controlling** |
| Wie können wir unsere Fähigkeit zum Wandel und zur Verbesserung erhalten, um unsere Vision zu erreichen? | Bildungsabschlüsse, formell und informell erworbene Kompetenzen wie z. B Sprachkenntnisse oder Teamgeist als soziale Kompetenz, Teilnahme an Fort und Weiterbildungen, innovative Dienstleistungen |
| **5. Kundenbeziehungen und externe Kooperationen** | |
| **Fragestellung** | **Kennzahlen im Controlling** |
| Wie sollen wir Produkte und Dienstleistungen unseren diversen Kundengruppen anbieten, um unsere Vision zu erreichen? | Anzahl und Entwicklung neuer Kundengruppen, Kundenzufriedenheit, Diversity-basierte Auswertung von Lieferanten und Geschäftspartnern |
| **6. Finanzperspektive** | |
| **Fragestellung** | **Kennzahlen im Controlling** |
| Wie sollen wir uns gegenüber unseren Geldgebern/Kostenträgern darstellen, um finanziell erfolgreich zu sein? | Diversity Return on Investment, Anzahl erfolgreicher Anträge bei Förderprogrammen, Anzahl von Berichten über Diversity in der Einrichtung (Presse, TV, Internet) |

**Abb. 6.2** Die sechs Perspektiven der Diversity Scorecard von Hubbard. (Quelle: Darstellung in Anlehnung an Hermann-Pillrath 2009, S. 19; Siemon 2012, S. 134)

| Weiche Faktoren | Harte Faktoren |
| --- | --- |
| Kenntnisse und Fähigkeiten | Fehlzeitenquote |
| Bildungsstand | Fluktuationsquote |
| Arbeitsklima | Ausgaben für Weiterbildungen |
| Motivation | Anzahl weiblicher Führungskräfte |
| Diversity-Kompetenz | Altersdurchschnitt der Belegschaft |
| Mitarbeiterzufriedenheit | Anzahl der Kündigungen |

**Abb. 6.3** Personenbezogene Kennzahlen zur Nutzenmessung von Diversity-Maßnahmen. (Quelle: Darstellung Nach Bouncken et al. 2015, S. 116)

Ein Karriereentwicklungsprogramm zur Förderung weiblicher Nachwuchsführungskräfte kostet 14.000 EUR. Darin enthalten sind die Lohnausfallkosten für sechs Teilnehmerinnen und ihre Mentor*innen sowie Kosten für eine Trainerin und die Organisation von drei Diversity-Seminaren für die Zielgruppe. Im Folgejahr werden zwei Teilnehmerinnen zur Abteilungsleitung befördert. Durch diese Maßnahme werden Gewinne von 6000 EUR realisiert. Diese setzen sich aus der Einsparung von Such-, Auswahl- und Einarbeitungskosten sowie aus effizienteren Abläufen als Ergebnis eines diversity-sensiblen Teambuildings in den Abteilungen der beiden Führungskräfte zusammen. Aus der folgenden Rechnung ergibt sich ein Diversity Return on Investment von 43 %, d. h. mit jedem eingesetzten Euro wird eine Rendite von 43 Cent erwirtschaftet (Beispiel in Anlehnung an Personalwissen Online 2018).

$$\frac{6000}{14.000} \times 100 = 43\,\%$$

Setzen sich diese Effekte in den Folgejahren fort, hätte sich die Maßnahme im dritten Jahr amortisiert. Die Berechnung des DROI setzt voraus, dass sowohl diversity-bezogene Kosten als auch zurechenbare Erträge ermittelt werden können. Effekte wie Arbeitsplatzzufriedenheit, Betriebsklima oder eine wertschätzende Organisationskultur lassen sich dagegen nicht eindeutig auf die Umsetzung von Diversity-Maßnahmen zurückführen. Hier lassen sich in der Regel nur Tendenzaussagen treffen (Siemon 2012, S. 145). In der Praxis ist es deshalb schwierig einen eindeutigen Zusammenhang zwischen Diversity-Maßnahmen und ihrem Nutzen herzustellen.

Hermann-Pillrath gibt zu bedenken, dass Diversitätsziele nicht von vorneherein feststehen, sondern selbst als zielrelevante Größen im Prozess erarbeitet werden müssen. Weil Vielfalt immer auch Konfliktpotenziale birgt, sollte die DSC auch Indikatoren für das Betriebsklima wie Mitarbeiterzufriedenheit oder die Anzahl von Beschwerden einbeziehen. Dadurch wird eine Voraussetzung geschaffen, um Konflikte in ein strategisches Controlling-Instrument einzubeziehen. Schließlich sollte eine Umorientierung auf das Leitbild der offenen Organisation stattfinden, indem auch äußere Einflüsse, die auf die Organisation wirken, wie z. B. Vorgaben zu Chancengleichheit und Diversity vonseiten der Kostenträger in das Berichtswesen mit einbezogen werden (Hermann-Pillrath 2009, S. 15). Allerdings besteht auch nach Aufnahme diversity-bezogener Kennzahlen in ein bestehendes Controlling-System die Schwierigkeit, fundierte Ursache-Wirkungszusammenhänge nachzuweisen (ebd., S. 18).

Kritiker*innen behaupten, dass kennzahlengestützte Verfahren Datenfriedhöfe produzieren, die sich kaum sinnvoll überwachsen lassen. Insbesondere kleine und mittelständische Einrichtungen sind mit einem ausgefeilten Controlling-Instrument schnell überfordert. Eine vereinfachte Darstellung der Diversity Scorecard ist auch mithilfe eines *Ampelsystems* möglich, die Wirkungen für ausgewählte Einflussgrößen misst, wie z. B. die Mitarbeiterstruktur, Mitarbeitermotivation, die Qualität der Kundenbeziehungen, Innovationen oder Netzwerkbeziehungen (Abb. 6.4-).

| Ampelsystem zur Erfolgsmessung der Diversity Strategie | | | | | |
|---|---|---|---|---|---|
| Einflussfaktor | Indikator | Maßnahme | Ist-Wert | Bewertung | Handlungsbedarf |
| Mitarbeiter | Anzahl MA mit Schwerbehinderung | Kooperation mit Integrationsdienst | 10 % | | + |
| Betriebsklima | Mitarbeiterzufriedenheit (Note) | Mitarbeiterbefragung | Ø 2,4 | | ++ |
| Kundenbeziehungen | Kultursensible Beratungsstandards | Weiterbildung | Alle MA | | - |
| Image | Anzahl Berichte in Presse u. Rundfunk | Öffentlichkeitsarbeit zu Diversity | 2 Beiträge | | +++ |
| Netzwerkbeziehungen | Anzahl Kooperationen mit Migrantenvereinen | Persönliche Besuche der Vereine | 8 | | ++ |

grün = planmäßiger Verlauf , gelb = Verbesserungsbedarf, rot = kritisch
+++ großer Handlungsbedarf , ++ mittlerer Handlungsbedarf, + geringer Handlungsbedarf, - kein Handlungsbedarf

**Abb. 6.4** Ampelsystem zur Erfolgsmessung der Diversity-Strategie. (Quelle: Eigene Darstellung in Anlehnung an den Diversity Impact Navigator© von Segert und Wondrak 2015, S. 247)

Im Vergleich zur DSC werden jedoch keine Vorgaben gemacht, sondern es werden lediglich Ist-Werte mit einem Ampelsystem bewertet (Segert und Wondrak 2015, S. 247).

## 6.3 Diversity Culture Index

Ein weiteres Controlling-Instrument, das sich in eine Balanced Scorecard oder Diversity Scorecard integrieren lässt, ist der *Diversity Culture Index (DCI)*. Betrachtet werden fünf Gestaltungsvariablen: das Unternehmensleitbild, das Führungsverhalten, der grundsätzliche Umgang mit Vielfalt sowie die Ausprägung des Diversity-Klimas (Watrinet 2010, S. 92 f.). Der DCI verknüpft durch aufeinander abgestimmte Erhebungsinstrumente kennzahlengestützte Auswertungen mit einer detaillierten Erfassung der Organisationskultur und geht damit deutlich weiter als die oben vorgestellten Instrumente. Dazu zählen Unternehmensstrukturanalysen, Dokumentenanalysen, Kultur- und Klimaaudits, halbstandardisierte Interviews und valide Mitarbeiterbefragungen. Auch der DCI stellt nach einer eingehenden Bedarfsanalyse den definierten Soll- mit dem tatsächlichen Ist-Zustand gegenüber und leitet daraus den Handlungsbedarf ab. Ausschlaggebend für den Erfolg ist das Ausmaß der Übereinstimmung zwischen der normativen Ebene der Unternehmenskultur und der tatsächlichen Umsetzung auf strategischer und operativer Ebene. Mittels einer multivariaten Analyse erfolgt im nächsten Schritt die Berechnung von verschiedenen Zusammenhangsmaßen für die erreichte Integration der Vielfalt. Daraus wird ein Gesamtindex erstellt (ebd., S. 94 f.).

Durch ein fiktives Beispiel soll die Funktionsweise des DCI illustriert werden:[1] Ein konfessioneller Träger der Behindertenhilfe führt verschiedene Maßnahmen zur Förderung von älteren Mitarbeiter*innen durch. Diese umfassen die Förderung der Teilnahme an Weiterbildungen sowie ein Jobrotation-Programm, bei dem ältere Mitarbeiter*innen, die in der Regel über eine mindestens zehnjährige Dienstzugehörigkeit verfügen, die Möglichkeit haben, für einen begrenzten Zeitraum auf anderen Stellen zu hospitieren. Mit der Anwendung des DCI möchte die Einrichtung herausfinden, ob ältere Mitarbeiter*innen die Organisations- und Führungskultur signifikant anders bewerten als jüngere. Dazu wird eine Mitarbeiterbefragung durchgeführt. Die fünf Gestaltungsvariablen Unternehmensleitbild, Führungsverhalten, individuelle Integration, organisationale

---

[1]Das hier beschriebene fiktive Szenario wurde eng in Anlehnung an das im DCI vorgestellte Beispiel eines Dienstleistungsunternehmens entwickelt (Watrinet 2010, S. 95 ff.).

Integration sowie Ausprägung des Diversity-Klimas setzen sich anhand von vier Items zusammen. Jedes Item zählt maximal fünf Punkte, sodass jede Gestaltungsvariable bei vollen Zustimmungswerten 20 Punkte erhält. Die Gestaltungsvariable Führungsverhalten kann mit folgenden Items abgefragt werden (Abb. 6.5):

Die Auswertung der Befragung ergibt nun folgendes Ergebnis (Abb. 6.6): Beim Leitbild ergibt sich keine unterschiedliche Bewertung zwischen den drei Beschäftigtengruppen. Mitarbeiter*innen unter 35 Jahre fühlen sich individuell weniger integriert, bewerten jedoch das Verhalten der Führungskräfte deutlich wertschätzender als ältere Beschäftigte mit einer längeren Betriebszugehörigkeit. Dies könnte ein Hinweis darauf sein, dass sich Führungskräfte für jüngere Mitarbeiter*innen mehr Zeit nehmen oder aber auch, dass die älteren Mitarbeiter mehr von ihren Führungskräften erwarten. Gleichzeitig bewerten die älteren

| Gestaltungsvariable „Wertschätzendes Führungsverhalten" |
|---|
| 2.1. Meine Führungskraft pflegt einen respektvollen und vertrauensvollen Umgang gegenüber mir. |
| 2.2. Mir wird zugetraut, dass ich die vorgegebenen Arbeitsaufgaben auf meine eigene Art und Weise gut löse. |
| 2.3. Das eigenständige Arbeiten der Beschäftigten wird aktiv gefördert. |
| 2.4. Ich werde in Entscheidungen miteinbezogen. |
| Ich stimme voll und ganz zu (5 P); Ich stimme zu (4 P); Schwer zu sagen (3 P); Ich stimme eher nicht zu (2 P); Ich stimme überhaupt nicht zu (1 P). |

**Abb. 6.5** Items für die Gestaltungsvariable „Wertschätzendes Führungsverhalten". (Quelle: Watrinet 2010, S. 97)

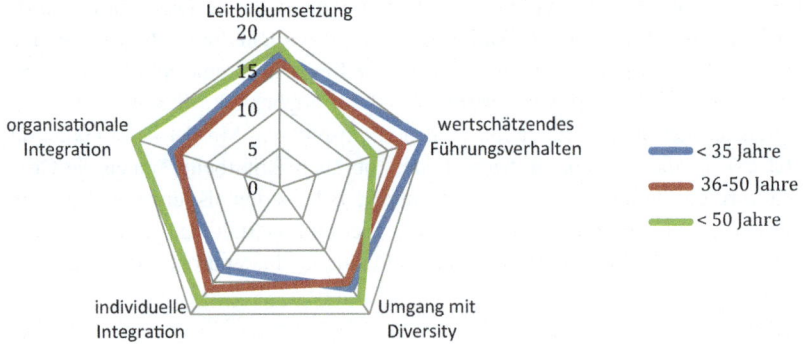

**Abb. 6.6** Diversity Culture Index (Dimension Geschlecht). (Quelle: Watrinet 2010, S. 98)

Beschäftigten die vorhandenen Diversity-Maßnahmen positiver als die jüngere Belegschaft, vielleicht, weil das vorhandene Job-Rotation-Programm sich explizit an Ältere ab 45 Jahre richtet. Die älteren Mitarbeiter*innen fühlen sich dagegen sowohl individuell als auch organisational besser integriert. Die Motive zur Wahrnehmung des Führungsverhaltens könnten in Workshops und Gruppendiskussionen thematisiert und detaillierter untersucht werden (ebd., S. 99).

Die Durchführung von Kulturaudits erfordert hohe zeitliche und personelle Ressourcen und eignet sich tendenziell eher für größere Organisationen.

**Fragen zur Übung und Kontrolle des Lernerfolgs**

1. Was ist der Unterschied zwischen strategischem und operativem Controlling? Geben Sie je ein Beispiel für ein strategisches und ein operatives Controlling-Ziel.
2. Auf welchen Wirkungsebenen lässt sich der Nutzen von Diversity-Maßnahmen feststellen? Beschreiben Sie anhand der verschiedenen Wirkungsebenen, welche Effekte die interkulturelle Öffnung einer Einrichtung der freien Jugendarbeit haben könnte.
3. Überlegen Sie sich drei weiche und drei harte Kennzahlen für die Erfolgsmessung von Diversity-Aktivitäten.
4. Erklären Sie die sechs Wirkungsbereiche der Diversity Scorecard. Wie lässt sich eine Diversity Scorecard in einer sozialwirtschaftlichen Organisation einsetzen?
5. Aus welchen Gestaltungsvariablen besteht der Diversity Culture Index und welche Informationen lassen sich mit diesem Verfahren gewinnen? Welche Vor- und Nachteile sehen Sie im Einsatz des Diversity Culture Index?

## Literatur

Bouncken, R., Pfannstiel, M. A., Reuschl, A. J., & Haupt, A. (2015). *Diversität managen. Wie Krankenhäuser das Beste aus personeller Vielfalt machen.* Stuttgart: Kohlhammer.

Gladen, W. (2003). *Kennzahlen- und Berichtssysteme.* 2. Aufl. Wiesbaden: Gabler.

Grunwald, K. (2014). Sozialwirtschaft. In U. Arnold, K. Grunwald & B. Maelicke (Hrsg.), *Lehrbuch der Sozialwirtschaft* (S. 33–62). 4. Aufl. Baden-Baden: Nomos.

Hermann-Pillrath, C. (2009). Diversity Management und diversitätsbasiertes Controlling: Von der „Diversity Scorecard" zur „Open Balanced Scorecard". *Frankfurt School Working Paper Series, No. 119.*

Kaplan, R. S., & Norton, D. P. (1997). *Balanced Scorecard: Strategien erfolgreich umsetzen.* Stuttgart: Schäffer-Poeschel.

Macha, H., Brendler, H., & Römer, C. (2017). *Gender und Diversity im Unternehmen. Transformatives Organisationales Lernen als Strategie.* Opladen, Berlin & Toronto: Budrich Uni Press.

Merchel, J. (2015). *Management in Organisationen der Sozialen Arbeit. Eine Einführung.* Weinheim und Basel: Beltz Juventa.
Merklein, A. (2017). *Diversity Management in Deutschland.* Wiesbaden: Springer. https://doi.org/10.1007/978-3-658-19010-1_5.
Personalwissen Online (2018). Kennzahl: Diversity Return on Investment. https://www.perwiss.de/kennzahl-diversity-return-on-investment.html. Zugegriffen 20. Dezember 2018.
Segert, A., & Wondrak, M. (2015). Using the Diversity Impact Navigator to move from interventions towards diversity management strategies. *Journal of Intellectual Capital, Vol. 16, Issue: 1,* (pp. 239–254). https://doi.org/10.1108/jic-12-2013-0117.
Siemon, M. (2012). Diversity Management als strategische Innovation des Controllings – am Beispiel eines Pflegeheims. In K. Heuer et al. (Hrsg.), *Wismarer Schriften zum Management und Recht. Bd. 69.* Bremen: Europäischer Hochschulverlag.
Watrinet, C. (2010). Der DiversityCulture Index™: Kernstück eines ganzheitlichen Diversity-Controllings. In B. Badura, H. Schröder, K. Macco (Hrsg.), *Fehlzeiten-Report 2010. Vielfalt managen: Gesundheit fördern – Potenzial nutzen* (S. 91–199). Berlin und Heidelberg: Springer.

## Weiterführende Literatur

Bouncken, R., Pfannstiel, M. A., Reuschl, A. J., & Haupt, A. (2015). *Diversität managen. Wie Krankenhäuser das Beste aus personeller Vielfalt machen. Kapitel 7: Steuern und Kontrollieren* (S. 113–133). Stuttgart: Kohlhammer.
Gabler Wirtschaftslexikon (2018). Begriff „Balanced Scorecard". https://wirtschaftslexikon.gabler.de/definition/balanced-scorecard-28000. Zugegriffen: 18. Juli 2018.
Gladen, W. (2003). Kennzahlen- und Berichtssysteme. 2. Aufl. Wiesbaden: Gabler.
Hubbard, E. (2015). *The Diversity Scorecard. Evaluating the Impact of Diversity on Organizational Performance.* London: Routledge.

# Fallbeispiele aus der Praxis 7

In diesem Kapitel werden Einrichtungen der Sozialwirtschaft vorgestellt, die Verfahren und Instrumente von Diversity Management im Sinne guter Praxis anwenden. Ein Startpunkt für die Recherche war die Internetseite Charta der Vielfalt, die eine Datenbank enthält, auf der sich 2900 Unternehmen mit einem Kurzportrait ihrer Diversity-Aktivitäten präsentieren (Stand 01.07.2018), darunter eine Vielzahl sozialwirtschaftlicher Organisationen. Weiterhin wurden Newsletter, Geschäftsberichte und Handreichungen von Wohlfahrtsverbänden im Hinblick auf ihre Aktivitäten zu Vielfalt und Diversity Management ausgewertet. Die Auswahl der Organisationen erfolgte willkürlich, wobei darauf geachtet wurde, dass für alle Diversity-Dimensionen ein Praxisbeispiel vorgestellt wird. Bis auf das Fallbeispiel der Caritas, das allein auf der Auswertung eines Projektberichts basiert, wurden die Informationen durch Dokumentenanalysen, telefonische Interviews mit Geschäftsführungen und Personalmanager*innen sowie im Fall der AfB zusätzlich durch eine Hospitation erhoben.

## 7.1 Interkulturelles Einstellungsverfahren für Bürokaufleute

In der betrieblichen Praxis zeigt sich, dass Bewerber mit Migrationshintergrund in Einstellungstests von Unternehmen häufig schlechter abschneiden. Dafür gibt es eine Vielzahl von Gründen: Kinder mit Migrationshintergrund verfügen oftmals nur über einen Hauptschulabschluss, weil ihre Eltern zu wenig Kenntnisse über das deutsche Schulsystem besitzen und ihre Kinder daher nicht in ausreichendem Maße unterstützen können. Einstellungsverfahren sind unterschwellig auf das deutsche Kultursystem ausgerichtet, was sich z. B. in

© Springer Fachmedien Wiesbaden GmbH, ein Teil von Springer Nature 2019
S. A. Dreas, *Diversity Management in Organisationen der Sozialwirtschaft*, Basiswissen Sozialwirtschaft und Sozialmanagement,
https://doi.org/10.1007/978-3-658-20546-1_7

Wissensfragen zu deutscher Geschichte oder zur europäischen Union zeigt. Kinder aus anderen Kulturkreisen haben mehr Schwierigkeiten, diese Fragen zu beantworten. Vielfach unterschätzt wird auch, dass sich bereits innerhalb Europa in der Mathematik Sprachsysteme und Lösungswege signifikant voneinander unterscheiden, z. B. bei der Bildung von Zahlworten, Ziffernschreibweisen oder der Durchführung von Rechenoperationen. Manche Bewerber*innen müssen die Angaben in den Aufgaben deshalb erst einmal umstellen und brauchen daher eine längere Bearbeitungszeit (Hieronymus et al. 2008, S. 9). Bei Flüchtlingen kommen zusätzlich Verständnisprobleme bei den Textaufgaben aufgrund fehlender Sprachkenntnisse hinzu.

Die Koordinierungsstelle Weiterbildung und Beschäftigung e. V. in Hamburg hat interkulturelle Einstellungsverfahren für eine Reihe von kaufmännischen und gewerblichen Ausbildungsberufen entwickelt. Bei der Abfrage von Wissen wird berücksichtigt, dass Bewerber*innen mit Migrationshintergrund andere Denk- und Lösungswege gelernt haben und bei manchen Aufgaben dafür mehr Zeit brauchen. Daneben werden auch interkulturelle Kompetenzen und Fähigkeiten erhoben. Die Tests sind so konzipiert, dass sie sowohl für Bewerber*innen mit als auch ohne Migrationshintergrund eingesetzt werden können. Sie enthalten eine vollständige Beschreibung der Module, Arbeitsblätter für die Bewerber*innen, Anleitungen für die Beobachter*innen sowie Bewertungsblätter und Checklisten. Zwei Module werden exemplarisch vorgestellt.

### 7.1.1 Modul „Interkultureller Postkorb"

Aufgabe 1: Jede*r Bewerber*in liest und korrigiert einen Brief mit 30 Rechtschreibfehlern.

Arbeitsauftrag 2: Die Bewerber*innen sollen zunächst in Einzelarbeit einen Postkorb bearbeiten. Hierzu erhalten Sie 20 ausgedruckte E-Mails und Briefe, die der Wichtigkeit nach geordnet werden sollen. Zudem soll jede*r Bewerber*in die in den Schreiben enthaltenen Termine in einen Kalender eintragen sowie auf einer Checkliste notieren, welche Vorgänge sie*er selbst bearbeiten kann und welche sie*er weitergeben muss.

Arbeitsauftrag 3: Die Bewerber*innen setzen sich in Dreier- oder Vierergruppen zusammen und einigen sich, wie der Postkorb am besten bearbeitet werden kann. Das gemeinsame Ergebnis wird den Prüfer*innen vorgestellt und erläutert.

Getestet werden mit dieser Aufgabe

- Deutsche Rechtschreibkenntnisse,
- die Fähigkeit, Aufgaben in einem angemessenen Verhältnis selbstständig zu erledigen oder zu delegieren,
- Kooperations- und Teamfähigkeit.

Die*r Bewerber*in soll zeigen, dass sie*er

- Arbeitsaufträge strukturiert erledigen kann,
- selbstständig arbeiten kann,
- bereit ist, Entscheidungen zu treffen,
- alleine oder im Team Aufträge übernehmen kann.

In der Anleitung für Beobachter*innen werden Hinweise für die Bewertung der Arbeitsaufträge gegeben. Geprüft wird, ob zukünftige Auszubildende in der Lage sind, angemessen zu entscheiden, welche Aufgaben selbstständig erledigt werden können und welche delegiert werden müssen.

Positiv bewertet werden nicht die Bewerber*innen, die alles selbstständig erledigt haben, sondern diejenigen, die in einem angemessenen Verhältnis unterscheiden können, was selbstständig erledigt werden kann und was an andere weitergegeben werden muss. Die Beobachter*innen erhalten außerdem Hintergrundinformationen zur Sensibilisierung für kulturelle Unterschiede, was an folgendem Beispiel verdeutlicht wird: In Deutschland wird Mitarbeiter*innen mit Übertragung einer Aufgabe in der Regel die Verantwortung für ein komplettes Arbeitspaket delegiert. Da nicht alles bis in kleinste Detail geregelt wird, entscheiden die Mitarbeiter*innen selbst, wie sie die Aufgabe lösen, d. h. welche Kollegen*innen sie einbinden und welche Schritte sie dazu auswählen. In der asiatischen Gesellschaft dagegen zählt die Ein- und Unterordnung in die Familie, Gruppe oder Firma als ein zentraler Wert. Deshalb betrachten manche Berufsanfänger*innen aus dem asiatischen Kulturkreis die Steuerung der Einzelschritte und Überprüfung von Teilergebnissen nicht unbedingt als ihre Aufgabe, sondern als die ihres Vorgesetzten. Werden so sozialisierte Mitarbeiter*innen von deutschen Kolleg*innen zur Eigenständigkeit gedrängt, fühlen sie sich vielleicht unwohl und überfordert, weil sie scheinbar ihre Kompetenz überschreiten oder gegen die Autorität einer*s Höherrangigen verstoßen. Für deutsche Vorgesetzte erscheint ein asiatisch sozialisierter Mitarbeiter dagegen als unselbstständig oder initiativlos.

Das Modul *Interkultureller Postkorb* berücksichtigt mögliche unterschiedliche kulturelle Prägungen der Bewerbungen, indem zum einen die Arbeitsaufträge detailliert beschrieben werden und zum anderen Selbstständigkeit und Kooperationsfähigkeit berücksichtigt wird (Hieronymus et al. 2008, S. 72).

## 7.1.2 Modul „Angewandtes Rechnen"

Das Modul *Angewandtes Rechnen* testet mathematische Grundkenntnisse, die für die kaufmännische Praxis relevant sind. In den Testanweisungen werden Ausbilder*innen auf kulturelle Unterschiede in der Mathematik hingewiesen. So rechnen Schüler*innen in der Türkei, Spanien und Italien mit anderen Maßeinheiten wie Hektometer und Dekameter, Schüler*innen in angloamerikanischen Ländern mit Yards, Inch, Fuß oder Unze. Bei der Durchführung von Rechenoperationen wie Addieren, Subtrahieren, Multiplizieren und Dividieren gibt es ebenfalls kulturelle Unterschiede. Das bedeutet, dass Schüler*innen in Spanien, Italien und Griechenland die einzelnen Rechenschritte anders anordnen oder notieren als es in Deutschland üblich ist. Damit es nicht zu Missverständnissen aufgrund mangelnder Sprachkenntnisse kommt, sollen Anleiter*innen folgende Hinweise bei der Testdurchführung beachten:

**Übersicht**
- „Vermeiden Sie Begriffe, die leicht zu verwechseln bzw. schwer voneinander zu unterscheiden sind (zum Beispiel Gegenseite, Gegenwinkel oder Quadratzahl, Quadratseite).
- Verwenden Sie nicht die gleichen Begriffe für verschiedene Sachverhalte (zum Beispiel Basis, ganze Zahl, Größe).
- Verwenden Sie nicht verschiedene Begriffe für die gleichen Sachverhalte (berechne, bestimme oder beträgt).
- Vermeiden Sie Begriffe, die in der Umgangssprache eine andere Bedeutung haben (zum Beispiel Produkt, Funktion oder funktionieren).
- Definieren Sie die als Symbole verwendeten Buchstaben eindeutig („s" als Weg oder Sekunde, „m" als Masse oder Meter).
- Vermeiden Sie die Verwendung von griechischen Buchstaben als Index. Wenn sich dies nicht vermeiden lässt, erläutern bzw. übersetzen Sie die Buchstaben.
- Definieren Sie eindeutig die Maßeinheiten (Unterscheidung nach Längen-, Flächen- und Raummaßen).
- Machen Sie die verlangten Rechenoperationen durch eine Überschrift und/oder eine kurze Erklärung verständlich."

(Quelle: Hieronymus et al. 2008, S. 26)

Interessierte Träger und Einrichtungen können bei der KWB Koordinierungsstelle Weiterbildung und Beschäftigung e. V. über eine E-Mail an ehmke@kwb.de kostenfreie Broschüren zu Interkulturellen Einstellungsverfahren anfordern.

## 7.2 Das multikulturelle Seniorenzentrum Haus am Sandberg

Das multikulturelle Seniorenzentrum Haus am Sandberg gehört zur DRK Nordrhein gGmbH und befindet sich in Duisburg, einer Stadt im Ruhrgebiet mit über 80.000 türkischstämmigen Einwohner*innen. Als Anfang der 1990er Jahre der Bau eines neuen Pflegeheims notwendig wurde, kamen zwei Sozialwissenschaftler auf die Idee, ein Heim für kultursensible Pflege aufzubauen. Mit Fördergeldern vom Land NRW sowie einer Stiftung konnten drei Mio. DM für den Neubau eines „Haus der Zukunft" eingeworben werden. Im Rahmen eines Pilotprojektes, das von der Gerhard-Mercator-Universität in Duisburg begleitet wurde, sollten Heimbewohner*innen aus verschiedenen Kulturen in einem „internationalen Altenheim" zusammengebracht werden. Heute hat die Einrichtung 100 Mitarbeiter*innen und neun Wohngruppen mit jeweils etwa 10 Bewohner*innen. In den Jahren von 1997 bis Anfang 2015 wurden mehr als 112 Migranten*innen u. a. aus der Türkei, Griechenland, Niederlande, Italien, Russland, Kongo, Spanien, Syrien, Kasachstan und Tunesien vollstationär oder als Gäste in der Kurzzeitpflege betreut.

### 7.2.1 Das Haus

Den Initiatoren war es wichtig, die Menschen mit Migrationshintergrund bereits bei der Planung und Gestaltung des Hauses aktiv mit einzubeziehen. Die Architektur wurde entsprechend auf die Bedürfnisse südländischer Bewohner*innen ausgerichtet. In der Mitte befindet sich ein offener Bereich für Begegnungen, die einzelnen Bereiche sind transparent mit viel Glas gestaltet, bieten jedoch auch Rückzugsmöglichkeiten. Auf Wunsch der türkischen Bewohner*innen wurden vor dem Haus Sitzgelegenheiten mit Blick auf die Straße geschaffen. Anders als viele deutsche Bewohner*innen, die lieber hinter dem Haus in einem geschlossenen Garten sitzen, möchten nach Auskunft des Heimleiters die türkischen Senioren*innen mitkriegen, was auf der Straße geschieht.

In den meisten Wohngruppen leben Menschen verschiedener Nationalitäten zusammen, allerdings gibt es auch kulturell homogen zusammengesetzte

Wohngruppen, mit mehrheitlich russischstämmigen, deutschen oder türkischstämmigen Bewohner*innen. Insgesamt beträgt der durchschnittliche Migrantenanteil an den Heimbewohner*innen 25 %. Die derzeitigen Bewohner*innen mit Zuwanderungsgeschichte kommen aus der Türkei, Russland, Syrien, Mazedonien und aus dem Kongo. Etwa 50 % der Mitarbeiter*innen haben einen Migrationshintergrund.

### 7.2.2 Die Herausforderung: Kulturelle Spezifika von Gesundheit und Krankheit

Unter den ausländischen Senioren*innen zählen die Migranten*innen aus der Türkei zu der größten Bevölkerungsgruppe. Chronische Erkrankungen, wie Herz-Kreislauf-Erkrankungen, Diabetes mellitus und Schlaganfall, kommen bei älteren Migranten*innen deutlich häufiger vor, als bei deutschen Senioren*innen. Außerdem erkranken türkische Migranten*innen durchschnittlich zehn Jahre früher als Nicht-Migranten*innen an schweren chronischen Krankheiten wie z. B. Herzkrankheiten (Surat-Dagtekin 2011, S. 42 f.). Dies ist auf geringere Bildungschancen, einen niedrigeren sozioökonomischen Status, ungünstige Wohnverhältnisse aber auch auf körperlich und gesundheitlich belastende Arbeitsbedingungen mit höherer Gesundheitsgefährdung zurückzuführen (ebd., S. 25 ff.). Auf diese kulturellen Besonderheiten muss das Pflegepersonal im Haus am Sandberg eingehen. Hinzu kommen kulturell geprägte Sicht- und Umgangsweisen im Hinblick auf Alter, Gesundheit und Behandlungserwartungen. Durch Sprachprobleme und Analphabetismus ist die Diagnostik in der Regel schwieriger als bei deutschen Senioren*innen.

### 7.2.3 Verankerung von Diversity im Qualitätsmanagement

Kultursensible Pflege gehört im Haus am Sandberg zum Kerngeschäft. Deshalb ist der Umgang mit kultureller Vielfalt ein Querschnittsthema, das alle Mitarbeiter*innen von der Heimleitung über das Fachpersonal bis zu den Reinigungskräften permanent begleitet. Leitziel der Einrichtung ist es, durch eine vielfältige Mitarbeiter- und Nutzerschaft einen zukunftsweisenden Weg in eine humanitäre Betreuung und Pflege älterer Menschen zu realisieren. Diversity Management wird im Haus am Sandberg in erster Linie als Ansatz der interkulturellen Öffnung verstanden, um religiöse und kulturelle Vielfalt dauerhaft als festen Bestandteil in den Arbeitsalltag zu integrieren. Zusätzlich werden auch Aspekte von Gender, Behinderung und sexuelle Orientierung sowohl im Personalmanagement als auch im Umgang mit den Bewohner*innen berücksichtigt.

Die Elemente des kultursensiblen Pflegekonzepts mit dem Schwerpunkt der Versorgung türkischer bzw. islamischer Bewohner*innen sind in das Qualitätsmanagement des Seniorenheims integriert. Im QM-Handbuch sind alle Standards zu kulturspezifischen Besonderheiten der verbalen und nonverbalen Kommunikation, der Körperpflege, der medizinischen Versorgung, der Kleidung, der Zubereitung von Speisen und Getränken, der Gestaltung von Freizeitangeboten bis hin zur Sterbebegleitung eines muslimischen Bewohners beschrieben.

Das ausformulierte Konzept umfasst Maßnahmen in vier Bereichen und richtet sich an alle haupt- und ehrenamtlichen Mitarbeiter*innen: 1) Strategie und Leitbild, 2) Personalgewinnung und -entwicklung, 3) interkulturelle Führung, 4) Unternehmenskultur und Arbeitsorganisation sowie 5) Kommunikation und Konfliktregelung.

**1. Strategie und Leitbild**
In der Aufbauphase des Hauses wurden Leitwerte zur interkulturellen Öffnung intensiv mit allen Beteiligten erarbeitet (Hielen 1998, S. 92). Dazu gehören

- die Veränderung des Erscheinungsbilds der Einrichtung, um Akzeptanz bei älteren Einwanderern zu erzielen,
- die Qualifizierung der Mitarbeiter*innen hinsichtlich der neuen Konzeption,
- die Vorbereitung der einheimischen Bewohner*innen auf interkulturelles Zusammenleben,
- die Gewinnung von bilingualem Fachpersonal,
- die Entwicklung von muttersprachlichem Informationsmaterial,
- die Bereitstellung von bedürfnisorientierten Angeboten,
- der Aufbau eines interkulturellen Netzwerks mit Migrantenvereinen, Beratungsstellen, Moscheen etc.

Von allen Mitarbeiter*innen wird erwartet, dass sie sich für die Lebensbedingungen anderer Menschen und Gesellschaften interessieren. Dies kommt durch den hier zitierten Leitwert der Universalität zum Ausdruck:

> „Wir achten Nationen. Aber keine Grenzen
> In diesem Grundsatz [der Universalität, Ergänzung S.D.] ist das Prinzip der Identifikation mit dem Ganzen der Rotkreuzarbeit angesprochen. Das umfasst auch die Vorstellung von gegenseitiger und übergreifender Unterstützung und Förderung. Der Grundsatz zielt auf das Bewusstsein über die weltweite Verbundenheit in einer die Menschlichkeit fördernden Institution und die Herstellung entsprechender Kontakte.
>
> Für die MitarbeiterInnen bedeutet das, sich darüber bewusst zu werden, dass DRK Altenhilfeeinrichtungen ideell und aktiv in eine weltumfassende Institution eingebunden sind.
>
> Das bedeutet weiter, sich für die Lebensbedingungen anderer Menschen, anderer Kulturen und Gesellschaften zu interessieren und ihnen mit Offenheit und Hilfsbereitschaft zu begegnen. Aus dieser Grundhaltung heraus lassen sich vor Ort Impulse für den ‚Blick über den Zaun' setzen und Kooperationsideen entwickeln." (Auszug aus dem QM Handbuch der Einrichtung, internes Dokument)

> „Jede Bewohnerin und jeder Bewohner in einer stationären Einrichtung des DRK Landesverbandes Nordrhein erhält entsprechend der individuellen Lebensumstände Hilfestellung, Betreuung, qualifizierte und aktivierende Pflege unabhängig von Nationalität, ethnischer Zugehörigkeit, Geschlecht, sozialer Stellung und religiöser oder politischer Überzeugung" (Auszug aus dem QM Handbuch der Einrichtung, internes Dokument).

## 2. Personalgewinnung und -entwicklung

Die Rekrutierung einer kulturell vielfältigen Mitarbeiterschaft war von Anfang an fester Bestandteil der Personalstrategie. Zunächst ging es darum, gezielt bilinguale Fachkräfte mit einem muslimischen und russisch-orthodoxen Hintergrund zu gewinnen. Deshalb ging das Haus am Sandberg Kooperationen mit Pflegefachschulen und örtlich ansässigen Migrantenorganisationen wie z. B. Moscheevereinen ein. Durch die interkulturelle Ausrichtung hat das Heim in den letzten 20 Jahren einen hohen Bekanntheitsgrad in der Region erworben. Inzwischen ist das Konzept so attraktiv, dass pro Jahr etwa 30 Schülergruppen zur Besichtigung des Seniorenheims kommen. Die interkulturelle Ausrichtung spricht eine große Zahl von jungen Menschen an, die ein Freiwilliges Soziales Jahr oder

## 7.2 Das multikulturelle Seniorenzentrum Haus am Sandberg

Berufspraktikum in der Einrichtung absolvieren. Viele der Absolvent*innen bewerben sich nach ihrem Abschluss bei dem Pflegeheim, sodass die Personalabteilung stets über ausreichend qualifizierte Fachkräfte verfügt. Der Heimleiter sieht in der Attraktivität des interkulturellen Konzeptes einen entscheidenden Beitrag zur Überwindung des Fachkräftemangels. Über ein Praktikantenprogramm mit verschiedenen Ländern kommen außerdem regelmäßig Nachwuchskräfte aus Peru, Spanien oder Litauen, was eine zusätzliche Bereicherung für die Belegschaft darstellt. Von den Auszubildenden im Haus haben derzeit 80 % einen Migrationshintergrund.

Die Personalentwicklung des Hauses am Sandberg fördert vor allem interkulturelle Fach- und Handlungskompetenzen. Diese Anforderung gilt für alle Mitarbeiter*innen, von der Pflegefachkraft, über den Hausmeister bis hin zum Reinigungsdienst. Da es nach Aussage der Heimleitung nur wenige geeignete Weiterbildungsangebote gibt, hat die Einrichtung während der Pilotphase eigene Inhouse-Schulungen entwickelt. Fortbildungsinhalte umfassen zum einen *Grundlagenwissen* über Migration, Sozialisation, multikulturelle Gesellschaft, Länder- und Kulturkunde, Ausländergesetz, Vorurteile und Religionen, zum anderen die Förderung persönlicher und fachlicher Kompetenzen wie Empathie, Offenheit, Selbstreflexion, Toleranz, Konfliktfähigkeit und kommunikative Kompetenz. Der Umgang mit Personen unterschiedlicher Kulturkreise und Kommunikationsstile erfordert das aktive und passive Beherrschen der nonverbalen Kommunikation einer anderen Kultur, Geduld, Beharrlichkeit und Höflichkeit.

Das Thema „Umgang mit kultureller Vielfalt und Differenz" wurde als zentrales Querschnittsthema in sämtliche Fortbildungsangebote integriert. Hierzu gehören Kenntnisse aus der Gerontologie, Altenarbeit, Migrationsforschung und Migrationsarbeit. In den Weiterbildungsangeboten für Mitarbeiter*innen der Altenpflege müssen ethnisch-kulturelle Spezifika wie Lebensgewohnheiten, Gesundheitsverhalten, im Bereich der Ernährung, der körperlichen Pflege und des Umgangs mit Sterben und Tod behandelt werden. Betont wird, dass es dabei auch immer wieder um die Veränderung von Haltung und Einstellungen sowie das Hinterfragen von Fremdbildern über alte Menschen und Ausländer*innen geht (Hielen 1998, S. 113).

### 3. Interkulturelle Führung

Für die Pflegedienstleitung wurde gezielt ein türkischstämmiger examinierter Altenpfleger befördert. Die dritte Führungsebene (Wohngruppenleitungen) wurde mit Teamleitungen mit deutschem, russischem und türkischem Migrationshintergrund entsprechend der Bewohnerstruktur besetzt, nicht nur, um sich besser mit den Bewohner*innen zu verständigen, sondern auch, um deren Kontakte in die

Migrantenszene vor Ort zu nutzen. Durch die Sprach- und Kulturkenntnisse der Führungskräfte können gezielt potenzielle Bewohner*innen aus der Migranten-Community angesprochen werden. Mehrmals im Jahr trifft sich der Qualitätszirkel Migration, dem die Heimleitung, Mitarbeiter*innen der Pflege und des Sozialen Dienstes angehören, zum Austausch. Dabei geht es um die Planung von Veranstaltungen, Aktivitäten sowie Qualitätsverbesserungen im kultursensiblen Bereich.

**4. Unternehmenskultur und Arbeitsorganisation**
Äußerliche Zeichen und Symbole der Religionszugehörigkeit wurden von Beginn an in der Belegschaft akzeptiert und sind ausdrücklich erlaubt. Statt krankenhausähnlicher Symbole wie weiße Kleidung, PVC-Böden und Begrifflichkeiten wie „Patient*in" und „Schwester" versucht das Heim, durch farbige Kleidung des Pflegepersonals und Teppichen auf dem Boden ein gewohntes Wohnumfeld zu schaffen. In der Organisation der alltäglichen Arbeit wird Rücksicht auf die religiösen Bedürfnisse genommen: so fasten viele Mitarbeiter*innen während des Ramadan. Sie werden dann bevorzugt in die Frühschicht eingeteilt und können die auf ihrem Zeitkonto gesammelten Überstunden für eine verkürzte Arbeitszeit in diesem Zeitraum einsetzen.

**5. Kommunikation und Konfliktregelung**
Kontroverse Diskussionen zu Religion, Kultur und Vielfalt im Kollegenkreis sind im Haus am Sandberg ausdrücklich erwünscht, vorausgesetzt wird jedoch respektvoller und wertschätzender Diskussionsstil, der die Überzeugungen des anderen grundsätzlich anerkennt.

Das formalisierte Beschwerdemanagement in der Einrichtung nimmt explizit Bezug auf religiöse Benachteiligungen. Exemplarisch werden die Standards zu Kommunikation und Sterbebegleitung aus dem kultursensiblen Pflegekonzept im Wortlaut wiedergegeben:

> *Kommunikation*
> „Verbal: die Pflegenden kommunizieren nach Möglichkeit mit den Bewohnern in deren Muttersprache – das wird durch Personal mit entsprechendem Migrationshintergrund gewährleistet, welches sowohl ihre Sprache als auch kulturelles Hintergrundwissen mit einbringt. Zudem gibt die Kommunikation in der Muttersprache Vertrauen und Sicherheit.
> Dies ist auch in der nonverbalen Kommunikation wichtig, wenn es um das Erkennen und Deuten spezifischer Gesten geht. Beispiel: Im türkischen

Kulturkreis bedeutet ein Nicken mit dem Kopf, oft begleitet von einem Schnalzen mit der Zunge, oder auch lediglich Letzteres, eine Verneinung. Eine Kommunikation in der Landessprache – deutsch – gestaltet sich bei den derzeitigen Bewohnern immer noch sehr schwierig."

Quelle: Pflegekonzept Haus am Sandberg (internes Dokument)

*Sterbebegleitung eines muslimischen Bewohners*
„Wenn ein Muslim im Sterben liegt, sollte man die Angehörigen informieren.

Diese werden mit ihm Bittgebete sprechen und können ihn das Glaubensbekenntnis deklamieren lassen. Ist er/sie bewusstlos, kann der Glaubensbruder oder die Glaubensschwester ihm das Glaubensbekenntnis ins Ohr flüstern. Dies ist von größter Wichtigkeit, da dieses Bekenntnis nach islamischen Glauben, sein weiteres Schicksal im Jenseits entscheidet.

Nach dem Eintritt des Todes muss der Leichnam nach islamischen Vorschriften für das Begräbnis vorbereitet werden. In der Regel haben alle muslimischen Bewohner eine spezielle Sterbeversicherung. Im Todesfall kann dann ein muslimisches Beerdigungsinstitut den Verstorbenen abholen. Dieses Beerdigungsinstitut sorgt für alle weiteren Schritte: die rituelle Waschung die, wenn gewünscht, Überführung in die Türkei und die Beerdigung selbst."

Quelle: Pflegekonzept Haus am Sandberg (internes Dokument)

## 7.3 AfB Social & Green IT: Kopplung von Wachstum und Sozialintegration

Die 2004 gegründete AfB social & green IT (AfB) ist ein gemeinnütziges Unternehmen zur Aufarbeitung und zum Weiterkauf von gebrauchter IT-Hardware. An 18 Standorten in Deutschland, Österreich, der Schweiz und Frankreich arbeiten 250 Mitarbeiter*innen, davon 45–50 % mit Behinderung. Das Unternehmen erhält von Großunternehmen ausgemusterte Computer, Laptops, Kopiergeräte und Mobiltelefone, löscht die darauf gespeicherten Daten, arbeitet die Geräte auf und verkauft sie an den Standorten in eigenen Geschäften sowie über E-Commerce Plattformen im Internet an Endkunden.

Die Einstellung von Menschen mit Behinderung ist bereits in der Gründungsidee des Unternehmens verankert. Neben dem dominanten Sachziel „Integration von Menschen mit Behinderung" verfolgt das Unternehmen ökologische Ziele, wie die Schonung von Ressourcen und Einsparung von $CO_2$ durch die Auf- und Wiederverwendung gebrauchter IT- und Mobilgeräte. Zwei Betriebssozialarbeiter kümmern sich um sämtliche Belange der Menschen mit Schwerbehinderung. Zusätzlich hat das Unternehmen noch eine gewählte Schwerbehindertenvertretung.

Mit dem Ausbildungsprogramm Werkstatt-Ausbildung-Beruf bietet AfB für Menschen mit Behinderung die Möglichkeit, eine dreijährige Berufsausbildung in dem von der IHK anerkannten Beruf „Fachpraktiker*in für IT-Systeme" zu absolvieren. Nach erfolgreichem Bestehen der Abschlussprüfung zielt das Unternehmen darauf, die Auszubildenden mit einem unbefristeten Arbeitsvertrag zu übernehmen. Zielsetzung der Initiative 500 gAG, der Mutter der AfB gGmbH ist es, insgesamt für 500 Menschen mit Behinderung einen sozialversicherungspflichtigen Arbeitsplatz zu schaffen.

Zur Muttergesellschaft Initiative 500 gAG gehört auch die Mobiles Lernen gGmbH, welche sich zur Aufgabe gemacht hat, Schulklassen mit elternfinanzierten Notebooks auszustatten und Social Lease mit Dienstleistungen rund um das Leasing neuer IT-Geräte anzubieten. Die Abholung und Wiedervermarktung der Gebrauchtgeräte wird fast ausschließlich in Teams bestehend aus Menschen mit und ohne Behinderung ausgeführt. Durch die Einrichtung eines Sozialfonds erhalten auch Kinder finanziell schwächerer Eltern ein Notebook für den Schulunterricht.

### 7.3.1 Diversity als Wettbewerbsvorteil

Anders als Werkstätten für behinderte Menschen (WfbM) und Beschäftigungsträger, die vornehmlich ein geschütztes Umfeld für Menschen mit Behinderung bieten, agiert AfB mit dem Verkauf der gebrauchten IT-Geräte auf dem freien Markt und hat Wachstum als zentrales Wirtschaftsziel definiert. Nach Angaben des Gründers muss sich AfB auf dem Markt mit anderen E-Commerce Unternehmen messen und sieht Diversity dabei als relevanten Wettbewerbsvorteil. Diversität ist bei AfB deshalb ein strategisches Element der Unternehmensführung, verankert im Code of Conduct, der für alle Mitarbeiter*innen verbindliche Regeln erhält. In Vision, Leitbild und Werten findet sich eine entsprechende Kopplung von Wirtschaftszielen mit ökologischen und sozialintegrativen Sachzielen (Abb. 7.1).

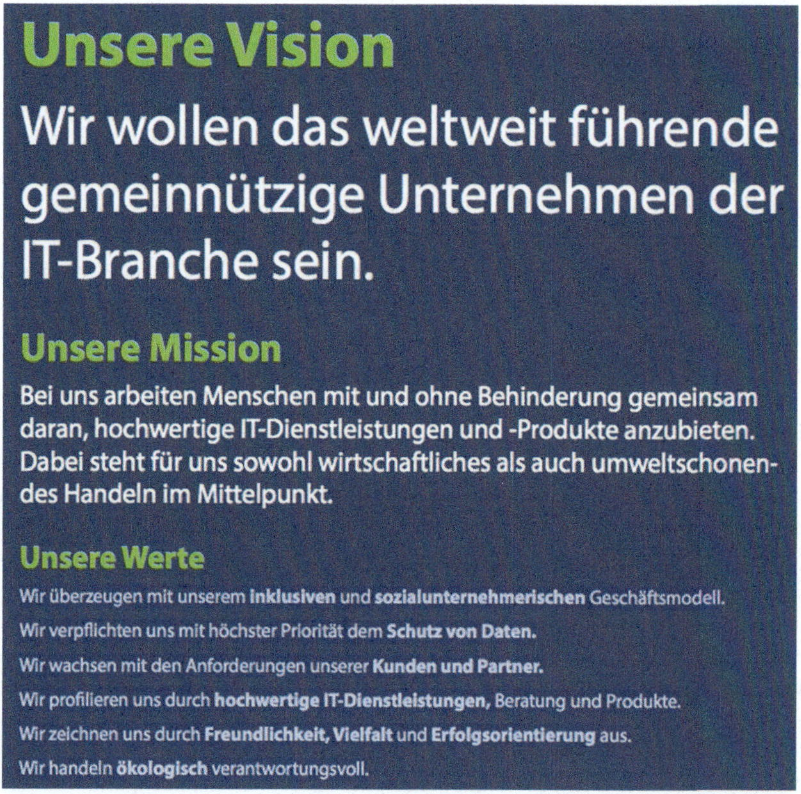

## Unsere Vision
Wir wollen das weltweit führende gemeinnützige Unternehmen der IT-Branche sein.

### Unsere Mission
Bei uns arbeiten Menschen mit und ohne Behinderung gemeinsam daran, hochwertige IT-Dienstleistungen und -Produkte anzubieten. Dabei steht für uns sowohl wirtschaftliches als auch umweltschonendes Handeln im Mittelpunkt.

### Unsere Werte
Wir überzeugen mit unserem **inklusiven** und **sozialunternehmerischen** Geschäftsmodell.
Wir verpflichten uns mit höchster Priorität dem **Schutz von Daten**.
Wir wachsen mit den Anforderungen unserer **Kunden und Partner**.
Wir profilieren uns durch **hochwertige IT-Dienstleistungen**, Beratung und Produkte.
Wir zeichnen uns durch **Freundlichkeit, Vielfalt** und **Erfolgsorientierung** aus.
Wir handeln **ökologisch** verantwortungsvoll.

**Abb. 7.1** Auszug aus dem Code of Conduct der AfB (internes Dokument). (Quelle: Homepage AfB 2018 [Screenshot])

Die enge Kopplung von Wirtschafts- und Diversity-Zielen kommt ferner in der Initiative 500 gAG zum Ausdruck. Jede*r AfB-Mitarbeiter*in kann auf Wunsch Aktionär dieser Initiative werden, um mit seiner Einlage von einem Euro die Einrichtung von Arbeitsplätzen für Menschen mit Behinderung unmittelbar zu fördern.

Zu den im Code of Conduct genannten Werten gehört die Schaffung einer wachstumsgenerierenden Arbeitsatmosphäre, um Mitarbeiter*innen individuell als auch Teams zu motivieren. Gegenseitige Wertschätzung sowie die strikte Ablehnung von Diskriminierung werden betont: „Im Umgang mit Mitarbeitern sind Ehrlichkeit und Respekt wesentliche Bestandteile unserer gegenseitigen Wertschätzung. Wir gehen aktiv gegen jede Art von Diskriminierung aufgrund von Herkunft, Alter, Behinderung, sexueller Orientierung, Religion oder Geschlecht u. a. vor. Dabei spielen Vertrauen und Loyalität unter allen Mitarbeitern eine elementare Rolle und beides trägt zu einer gesunden und produktiven Arbeitsatmosphäre bei" (Code of Conduct/internes Dokument). Obwohl alle Diversity-Dimensionen explizit genannt werden, liegt der Fokus des Unternehmens eindeutig auf der Integration von Menschen mit Behinderung.

Nach Auskunft der Personalleiterin wirken Vision, Leitbild und Werte stabil und dauerhaft in den Arbeitsalltag des familiengeführten Unternehmens, sodass Dienstanweisungen oder QM-Bestimmungen zur Umsetzung von Diversity-Management nicht erforderlich sind.

**Personalbeschaffung**
Basierend auf Vision, Mission und Werten richtet das Personalmanagement seine Rekrutierungsstrategie konsequent auf die Ansprache von Menschen mit Behinderung aus. Dazu gehen einzelne Bundesländer Kooperationen mit Integrationsfachdiensten und Integrationsämtern ein. Die Einstellung von Menschen mit Behinderung, die ihren Wohnort in einem anderen Bundesland haben, ist für das Unternehmen jedoch oft mit bürokratischen Hürden verbunden, da potenzielle Mitarbeiter*innen einen Rechtsanspruch auf Förderung durch ein Integrationsprogramm ausschließlich in ihrem eigenen Bundesland haben. So ergeben sich oftmals Schwierigkeiten. Die Zusammenarbeit mit den Integrationsfachdiensten und die Suche nach unbürokratischen Lösungen fallen in das Aufgabenspektrum des Betriebssozialarbeiters, der außerdem Ansprechpartner für die Sorgen und Nöte der Mitarbeiter*innen, aber auch für Sozial- und Arbeitsrechtsfragen der Führungskräfte ist.

Die konsequente Ausrichtung als Integrationsunternehmen erfordert nach Auskunft der Personalleiterin einen bestimmten Mitarbeitertypus, der selbst bereit ist, eine sozialintegrative Haltung einzunehmen. Darauf ist der gesamte Rekrutierungsprozess abgestimmt. Auf der Karriereseite der Homepage findet sich dementsprechend der Slogan „Wir wollen, dass unsere Mitarbeiter Botschafter der digitalen Inklusion werden". Weiterhin findet sich über den Stelleninseraten folgender Ausschreibungstext:

„Wir bieten spannende und abwechslungsreiche Tätigkeiten für Menschen mit und ohne Behinderung. Sämtliche Arbeitsschritte sind barrierefrei gestaltet. Wir fördern Potenziale und helfen Ihnen, Ihre beruflichen und privaten Wünsche in bestmöglicher Balance zu realisieren." (Homepage AfB 2018) Es folgt die gezielte Ansprache junger Menschen mit dem Claim „Chancen erkennen, Potenziale

## 7.3 AfB Social & Green IT: Kopplung von Wachstum …

fördern, Inklusion leben! Werde Teil unseres motivierten Teams. Wir freuen uns auf deine Bewerbung!" (Homepage AfB 2018). Das Sozialunternehmen setzt seine Diversity-Orientierung im Personalmarketing bewusst als Strategie ein, um sich in den von Fachkräftemangel betroffenen Standorten von der Konkurrenz bekannter und gut zahlender IT-Großunternehmen abzugrenzen.

Im Auswahlprozess werden neben den fachlichen Kompetenzen auch Diversity-Kompetenzen der Bewerber*innen wie Wertschätzung, Respekt oder Erfahrungen im Umgang mit Vielfalt festgestellt. Zwar bewerben sich nach Auskunft der Personalleiterin nahezu ausschließlich Fach- und Führungskräfte, die sich bewusst für eine Tätigkeit in einem Sozialunternehmen entschieden haben, dennoch legt das Unternehmen großen Wert darauf, die soziale Grundeinstellung seiner potenziellen Mitarbeiter*innen zu überprüfen. So werden insbesondere Bewerber*innen auf Führungspositionen im Vorstellungsgespräch nach Erfahrungen mit schwerbehinderten Menschen im privaten oder beruflichen Umfeld sowie nach ihrem sozialen Engagement gefragt. Wichtiger als Rechtskenntnisse ist der Personalleiterin dabei die Ergründung der sozialen Haltung und der Motivation, Teams mit schwerbehinderten Mitarbeiter*innen zu leiten.

> Die Führungskräfte, die wir hier haben, die haben sich auch alle beworben. Bei einem gemeinnützigen Unternehmen ist es nicht so attraktiv. Viele kommen schon mit einem sozialen Hintergrund. Sei es jetzt Ausbildung, Studium, sei es einfach man hat sich privat super engagiert. Wir haben z. B. einen Niederlassungsleiter, der Schwimmkurse für Kinder mit Schwerbehinderung geleitet hat. Da ist der soziale Gedanke schon da. Das ist essenziell wichtig (Zitat Personalleiterin).

**Personalbindung: Schaffung guter Arbeitsbedingungen und Work-Life Balance**

Die Personalleiterin betont, wie wichtig es für Führungskräfte ist, für die Teams ein optimales Arbeitsumfeld entsprechend des Leistungsgrades der Mitarbeiter*innen zu schaffen. Um dafür sensibilisiert zu sein, werden sowohl Führungskräfte als auch Mitarbeiter*innen im Umgang mit Erkrankungen regelmäßig geschult. Da die meisten Mitarbeiter*innen mit Beeinträchtigung eine psychische Erkrankung haben, die man ihnen nicht ansieht, sind Grundkenntnisse über die Krankheitsbilder und deren Auswirkungen für alle Beschäftigten relevant. Dafür haben die beiden Betriebssozialarbeiter ein eigenes Schulungskonzept zu acht verschiedenen Krankheiten entwickelt, das sie in den 18 Niederlassungen regelmäßig für neue Mitarbeiter*innen anbieten. So wird im Arbeitsalltag Rücksicht darauf genommen, wenn eine Kollegein für 15 min spazieren gehen möchte, weil sie sich nicht mehr konzentrieren kann.

Statt festgeschriebener Regeln werden im Alltag auftretende Probleme mit der Vereinbarkeit von Berufs- und Privatleben spontan gelöst. So erzählt der Betriebssozialarbeiter von einem Abteilungsleiter, dessen Frau plötzlich schwer erkrankte. Nach kurzer Rücksprache mit der Personalleiterin konnte der Mitarbeiter für eine Woche mit bezahltem Sonderurlaub freigestellt werden. Ältere Mitarbeiter*innen, die aufgrund des Fachkräftemangels dringend gebraucht werden, erhalten die Möglichkeit, ihre Abteilung personell und organisatorisch zu stabilisieren, neue Teams aufzubauen und auszubilden, um das Fachwissen systematisch an jüngere weiterzugeben. Auf diese Weise soll das Wissen im Unternehmen gehalten werden. Die Personalleiterin plant außerdem, bereits vorhandene Work-Life-Balance Maßnahmen wie flexible Arbeitszeiten und -orte stärker in die interne und externe Unternehmenskommunikation aufzunehmen.

### 7.3.2 Diversity Marketing

Die zentralen Stakeholder für das Unternehmen sind zum einen Großkonzerne, die ausgemusterte IT-Hardware liefern sowie andererseits Endkunden*innen, die entweder über das Internet oder persönlich in den Shops an den Standorten einkaufen. Im Web-Shop wirbt AfB mit den beiden Sachzielen Schonung von Umwelt, Ressourcen und Klima sowie der Beschäftigung von Menschen, von denen mindestens 50 % ein Handicap haben. Das wirtschaftliche Formalziel günstige Preise und herausragende Qualität der Produkte steht erst an dritter Stelle (Abb. 7.2).

**Abb. 7.2** Diversity Marketing der AfB. (Quelle: Homepage AfB 2018 [Screenshot])

Während das Thema „Menschen mit Behinderung" aus Sicht des Niederlassungsleiters für die Endkunden*innen keine entscheidende Rolle für den Kauf von IT-Geräten spielt, ist die soziale Ausrichtung ein wichtiges Alleinstellungsmerkmal für die Ansprache neuer Partnerunternehmen zur Übernahme von gebrauchten IT-Geräten. Die Geschäftspartner*innen können sich in Betriebsführungen und Gesprächen mit den Mitarbeiter*innen am Arbeitsplatz selbst davon überzeugen, wie die sozialen und ökologischen Standards in den Filialen umgesetzt werden.

Ein weiterer Erfolgsfaktor für AfB ist die Kommunikation von Diversity nach außen in der Netzwerk- und Öffentlichkeitsarbeit. Dazu geht AfB eine Vielzahl von regionalen Kooperationen mit Unternehmen, Integrationsprojekten und kommunalen Vertreter*innen ein, über die wiederum in der lokalen Presse berichtet wird. Auch auf die zahlreichen Auszeichnungen für das soziale und ökologische Engagement wie z. B. die Verdienstmedaille der Bundesrepublik Deutschland (2017), der Querdenker Award (2014), das „Wirkt Siegel" von Phineo sowie auf diverse regionale und überregionale Inklusions- und Innovationspreise wird gezielt in der Öffentlichkeitsarbeit auf der Homepage oder im Newsletter hingewiesen (Homepage AfB 2018).

## 7.4 Das Projekt „Gleichgestellt in Führung gehen" bei der Caritas

Die Caritas hat sich zum Ziel gesetzt, den Anteil an Frauen in Führungspositionen im Verband und seinen angegliederten Einrichtungen langfristig zu steigern. Dazu wurde von Juli 2012 bis Dezember 2014 das Projekt „Gleichgestellt in Führung gehen" im Rahmen des Programms „Rückenwind" für Beschäftigte der Sozialwirtschaft durchgeführt. Das Programm Rückenwind, das durch das Bundesministerium für Arbeit und Soziales und den Europäischen Sozialfonds initiiert wurde, fördert Organisationen der Sozialwirtschaft bei der Umsetzung innovativer Vorhaben der Personal- und Organisationsentwicklung zur Verbesserung der Anpassungs- und Beschäftigungsfähigkeit. An dem Projekt haben fünf Standorte unterschiedlicher verbandlicher Ebenen der Caritas als Pilotorganisationen teilgenommen und verschiedene Maßnahmen zur Förderung von Frauen in Führungspositionen entwickelt und erprobt. Dazu gehörten die Diözesanverbände Hildesheim und Berlin, der Ortsverband Arnsberg-Sundern, die St. Elisabeth-Stiftung mit Hauptsitz Bad Waldsee sowie der Deutsche Caritasverband mit den Standorten Freiburg, Brüssel und Berlin.

## 7.4.1 Ausgangslage und Problemanalyse im Projekt

Der durchschnittliche Frauenanteil in den Caritasunternehmen und -verbänden liegt bundesweit bei 80 %. In den geschäftsführenden Vorständen und Aufsichtsräten beträgt der Frauenanteil dagegen nur 26 % (Gomer und Schramkowski 2014, S. 4). Nur drei der 27 Diözesan-Caritasverbände werden von einer Frau geleitet und auch Gremien, in denen zentrale Entscheidungen gefällt werden, sind kaum von Frauen besetzt, wie z. B. der Caritasrat mit 14 % Frauenanteil und die Delegiertenversammlung mit 26 % (ebd., S. 4). Bereits 2008 wurde in den Leitlinien für unternehmerisches Handeln das Ziel der Gleichstellung von Frauen in Führungspositionen festgeschrieben.

Mit dem Projekt „Gleichgestellt in Führung gehen" sollten Voraussetzungen für die Erhöhung des Frauenanteils in Führungspositionen durch die Umsetzung von geschlechtergerechten Organisations- und Personalentwicklungsmaßnahmen verbessert werden. Zu den einzelnen Teilprojekten gehörte die Förderung von Aufstiegskompetenz weiblicher Beschäftigter, aber auch die Veränderung der bestehenden Unternehmenskultur und der damit verbundenen vorherrschenden Erwartungen an Führungskräfte. Dies beinhaltete eine kritische Auseinandersetzung mit Geschlechterstereotypen über Führungskräfte und Führungsverhalten. Für Führungskräfte wurden Seminare und Coachings angeboten, in denen mögliche Barrieren für den Aufstieg von Frauen identifiziert wurden und in denen Karriere- und Rollenmuster kritisch hinterfragt wurden. Die Personalverantwortlichen reflektierten in den Seminaren, dass Frauen in Vorstellungsgesprächen ihre Kompetenzen zurückhaltender präsentierten als Männer. Dagegen seien Besetzungsjurys und Auswahlgremien oftmals männlich dominiert, mit der Gefahr, dass bei der Auswahl unbewusst männliche Denk- und Handlungsweisen bevorzugt werden. Die Assessmentcenter der Caritas-Einrichtungen zeichnen sich durch einen starken Wettbewerbscharakter aus, den offensichtlich viele Männer ansprechend finden, der auf Frauen jedoch eher abschreckend wirkt. In Ausschreibungstexten für Führungspositionen fanden sich oft männlich konnotierte Kriterien wie Durchsetzungsfähigkeit und Wettbewerbsorientierung (Götz 2014, S. 6). Diese Befunde korrespondieren mit der Einschätzung von weiblichen Führungskräften: Eine Befragung von 29 Frauen und 13 Männern in Führungspositionen der Caritas im Rahmen des Projekts zeigte, dass Frauen ihre Führungskarriere nicht strategisch geplant hatten, erst relativ spät dorthin gelangt sind und diesen Weg nicht aufgrund ihrer eigenen Initiative eingeschlagen hatten, sondern dass der Anstoß von ihren Vorgesetzten kam (Schramkowski und Kricheldorff 2014, S. 10).

## 7.4.2 Überwindung individueller Hürden: Aufstiegskompetenzen für weibliche Beschäftigte

Zur Kompetenzentwicklung für aufstiegsorientierte Frauen wurden verschiedene Fortbildungsangebote entwickelt und Austauschforen eingerichtet. Aus den teilnehmenden Pilotorganisationen wurden in einem internen Bewerbungsverfahren 20 weibliche Beschäftigte ausgewählt, die an ihrem Standort in wenig sichtbaren Funktionen beschäftigt waren und bisher auch nicht als Potenzialträgerinnen wahrgenommen wurden. Die Teilnehmerinnen durchliefen zunächst einen Kurs mit den Modulen Selbsterforschung, Potenzialanalyse und Feedback. Für alle Frauen hat sich daraus eine konkrete berufliche Perspektive ergeben (Götz 2014, S. 8). Im anschließenden Mentoringprogramm wurde jede Teilnehmerin von einer erfahrenen Führungspersönlichkeit für den Zeitraum von einem Jahr begleitet. Koordiniert wurde die z. T. organisationsübergreifende Vermittlung der Tandems von einer*m Mitarbeiter*in der Personalentwicklung. Zu Beginn des Mentoringprogramms wurden von den Prozessbegleitungen des Projektes einführende Workshops durchgeführt, in denen die Mentees festlegten, welche Bereiche sie kennen lernen möchten und welche Ziele sie im Rahmen des Mentorings erreichen wollen. Die teilnehmenden Caritas-Organisationen führten ebenfalls Workshops zur konkreten Ausgestaltung des Mentoringprogramms für den jeweiligen Standort durch (ebd., S. 8).

Während der Projektlaufzeit entstand ein überregionales Caritas-Netzwerk für Führungsfrauen zur Sensibilisierung für frauenspezifische Schwierigkeiten. Für den Aufbau des Netzwerks wurde ein E-Mail-Verteiler von mehr als 1000 Frauen mit Führungsverantwortung zusammengestellt (ebd., S. 9). Auf dem ersten Netzwerktreffen in Frankfurt kamen 60 Frauen zusammen, die Fragen zur weiblichen Führungsrolle, Aufstiegschancen sowie zur besseren Vereinbarkeit von Familie und Beruf diskutierten (Gomer 2014, S. 13).

Ein Ergebnis des Projektes war außerdem die Verstärkung der verbandsinternen und externen Öffentlichkeitsarbeit für das Thema „Frauen in Führung". In diesem Kontext ist auch die Caritas-Website zur Geschlechtergerechtigkeit entstanden (Gomer und Schramkowski 2014, S. 5).[1] Im Rahmen der Projektevaluation berichteten die 20 Fortbildungsteilnehmerinnen über große individuelle Lern- und Motivationsfortschritte. Insbesondere die kollegiale Beratung mit Gleichgesinnten und die überregionalen Treffen wurden als persönlicher Gewinn

---

[1] https://www.caritas.de/fuerprofis/fachthemen/caritas/geschlechtergerechtigkeit/geschlechtergerechtigkeit.

gesehen. Allerdings wurde auch deutlich, dass die individuelle Förderung allein nicht ausreicht. Benötigt wird aus Sicht der Projektbeteiligten ein umfassendes Personalentwicklungskonzept, das Anschlussmöglichkeiten und Perspektiven nach Fortbildung bietet (Gomer 2014, S. 13). Auf der Abschlussveranstaltung versprach der Präsident der Caritas deshalb, eine verbandliche Anlaufstelle für die Thematik zu installieren.

### 7.4.3 Offene Ausschreibung vakanter Führungspositionen

Intransparente Wege der Beförderung wie die direkte Ansprache oder die unbewusste Auswahl von Kandidaten*innen nach Ähnlichkeiten sollten am Pilotstandort Berlin durch Instrumente der Personalgewinnung und -entwicklung überwunden werden. Es wurde beschlossen, sämtliche Stellen für Führungspositionen künftig offen auszuschreiben. Im Rahmen des Projektes wurden dazu Regeln für die Personalauswahl festgeschrieben: 1) Bewerbungsgespräche sind anhand von festen Interviewleitfäden zu führen, 2) im Vorfeld der Stellenbesetzung muss genau definiert werden, welche Aufgaben die*r Stelleninhaber*in zu erfüllen hat und welche Kompetenzen benötigt werden, 3) die Auswahlkommission ist geschlechtergemischt zusammenzusetzen, alle Gespräche für eine Position sollen vom gleichen Team durchgeführt werden und alle Kommissionsmitglieder nehmen vorher an einer Schulung für Gender-Stereotype teil, 4) die im Vorstellungsgespräch gestellten Fragen sollten nicht nur berufliche Erfahrungen und Erfolge sichtbar machen, sondern auch Erfahrungen und Kompetenzen aus dem privaten Kontext, wie z. B. aus der Elternzeit, dem ehrenamtlichem Engagement oder der Organisation einer Weltreise. Durch die Veröffentlichung der Stellenanzeigen dachten viele Frauen erstmals über die Übernahme einer Führungsposition nach. Bei den Männern führte das überarbeitete Auswahlprozedere zur kritischen Reflexion der bestehenden Organisationsprozesse (Bischof 2014, S. 17).

> **Auszug aus dem Fragenkatalog des Berliner Leitfadens**
> Zu erfragende Kompetenzen bei den Bewerber*innen: Zielfokussierung, Kommunikations- und Konfliktmanagement, die Fähigkeit zu motivieren und zu begeistern, Weitblick und Vision, Erfolge feiern und aus Niederlagen lernen.

- „Nennen Sie uns die drei wichtigsten Stationen/Meilensteine in Ihrem Leben (Beruf, Ausbildung, privat).
- Was ist Ihre Motivation, sich für das Führungskräftenachwuchsprogramm zu bewerben?
- Wo sehen Sie sich gerade in Ihrer beruflichen Entwicklung und wo wollen Sie hin?
- Beschreiben Sie ein Projekt/eine Aufgabe, das/die Sie erfolgreich abgeschlossen haben? Was waren aus Ihrer Sicht die Erfolgsfaktoren?
- Gibt es ein Projekt/eine Aufgabe, bei dem/der Sie Ihr Ziel nicht erreicht haben? Was waren aus Ihrer Sicht die Gründe?
- Wie gehen Sie mit so einem Misserfolg um?
- Sie bewerben sich für ein Nachwuchskräfteentwicklungstraining, somit perspektivisch auf eine Führungsaufgabe. Was macht aus Ihrer Sicht eine gute Führungskraft aus?
- Welche Stärken bringen Sie für so eine Aufgabe mit, an welchen Themen müssten Sie noch arbeiten?
- Wie schaffen Sie es, andere für eine Idee, ein Ziel, eine Herausforderung zu begeistern?
- Über die regelmäßige Mitarbeiterinformation über die unterschiedlichen Medien werden Sie regelmäßig über Veränderungen im Verband informiert. Mit welchen Themen/Herausforderungen beschäftigen sich aus Ihrer Sicht die Verantwortlichen in der Leitungskonferenz aktuell? (Kenntnisse des Verbandes/Interesse an aktuellen Entwicklungen/Weitblick)"

Quelle: Bischof (2014, S. 17)

### 7.4.4 Strategische Entwicklungsleitlinien und Jobsharing

Der Caritasverband im Bistum Hildesheim formulierte strategische Entwicklungsleitlinien, die im zweijährigen Turnus überprüft werden. Dazu gehören Formulierungen zu Geschlechtergerechtigkeit und Familienfreundlichkeit, die Möglichkeit zu Führung in Teilzeit, die Besetzung von Gremien und Nachfolgeplanung sowie verbindliche Kennzahlen zur Steigerung des Frauenanteils in Leitungen von Einrichtungen und Verbänden (Kühn 2014, S. 18).

Im Caritasverband Bad Waldstatt wurde das Projekt u. a. dafür genutzt, um Jobsharing in Leitungsfunktionen zu erproben. In der verbandseigenen Werkstatt für Menschen mit Behinderung führen eine Diplom-Sozialpädagogin und eine Sozialfachwirtin gemeinsam ein 23-köpfiges Team, das wiederum für die Anleitung und Betreuung von 67 Mitarbeiter*innen mit Behinderung zuständig ist. Personal- und Entwicklungsgespräche finden an einem festen Tag in der Woche statt, wenn beide anwesend sind. Beide sorgen dafür, dass ausreichend Zeit zur Abstimmung und Übergabe eingeplant wird (Rapp 2014, S. 20).

## 7.5 Diversity Management als organisationale Haltung: Der Verein Eltern für Kinder Österreich

> Aus heutiger Sicht haben wir nichts Ungewöhnliches gemacht, außer dass wir Schwule und Lesben gleich behandelt haben und für homosexuelle Pflegeeltern eigene Netzwerktreffen organisiert haben (Helena Planicka, Geschäftsführerin).

Der Verein „Eltern für Kinder Österreich" (EFKÖ) wurde 1980 als parteiunabhängige, überkonfessionelle und anerkannte private Kinder- und Jugendhilfeeinrichtung in Wien gegründet. Er umfasst die Arbeitsbereiche Tageseltern, Pflegefamilien, Adoptivfamilien, sowie die Durchführung von Kinderhilfsprojekten im In- und Ausland. Weiterhin betreibt der Verein eine Familienberatungsstelle in Wien mit den Schwerpunkten Familien- und Schwangerenberatung und der Beratung zur Vereinbarkeit von Familie und Beruf. Für Tageseltern, Pflegeeltern, Adoptiveltern und Kinder, die in Ersatzfamilien zeitlich begrenzt oder dauerhaft in Ersatzfamilien leben, versteht sich der Verein als Lobby und Interessenvertretung. EFKÖ beschäftigt 25 Fachkräfte im Bereich Sozialarbeit, Psychotherapie und Verwaltung und ist mittlerweile Arbeitgeber für 420 angestellte Pflegeeltern und 80 Tageseltern. Im Leitbild des Vereins findet sich der Absatz, dass Menschen unabhängig ihrer ethnischen Herkunft, Religion, Weltanschauung, Geschlecht, Alter, Behinderung oder sexueller Orientierung wertschätzend und ohne Benachteiligung behandelt werden. Dabei bezieht sich der Verein u. a. auf die UN Menschenrechts-Charta, den internationalen Pakt über bürgerliche und politische Rechte, die UN Menschenrechtskonvention, die Charta der Grundrechte der Europäischen Union sowie das Gleichbehandlungsgesetz in Österreich. Im Zielkatalog des Vereins findet sich neben den operativen Organisationszielen auch ein explizit formuliertes Diversity-Ziel, die „Gesellschaftliche Akzeptanz und Anerkennung verschiedenster Familienformen (gelebte Vielfalt)". Schon lange vor der Diskussion um die Einführung der eingetragenen Lebenspartnerschaft für gleichgeschlechtliche Paare setzte sich EFKÖ für die Rechte homosexueller Menschen ein, Pflegekinder aufzunehmen oder zu adoptieren. 2008 begann der Verein, Netzwerktreffen für schwule und lesbische Pflegeeltern zu organisieren (Interview Geschäftsführerin).

## 7.5.1 Veränderung der Organisationskultur durch impliziten Change

Die bewusste Beschäftigung mit der Diversity-Dimension „sexuelle Orientierung" nahm ihren Anfang 2002 mit der Einstellung einer neuen Geschäftsführerin, die selbst in einer Regenbogenfamilie lebt. Nach ihrer Auskunft hat sie ihre eigene Biografie und Lebensweise „einfach mit in den Verein gebracht" und dadurch ein für sexuelle Vielfalt offenes und wertschätzendes Klima in der Organisation etabliert. Im Interview legt die ehemalige Streetworkerin und Jugendsozialarbeiterin Wert darauf zu betonen, dass die Thematik nicht explizit durch schriftlich kodifizierte Regeln und offizielle Praktiken im Personalmanagement verankert werden sollte. Als Vorbild und Role Model schaffte sie ein offenes Klima, in dem Schwule, Lesben und Transgendermenschen in der Belegschaft offen und selbstverständlich über sich und ihre Familienangehörigen sprechen können. Durch ihre eigene Betroffenheit, ihr Handeln und den offenen Umgang mit dem Thema „sexuelle Orientierung", gelang es ihr als Change Agent glaubwürdig einen impliziten Wandel in „der von ihrer Entstehungsgeschichte her erzkonservativen Organisation" herbei zu führen.

Auch im Strukturgefüge innerhalb der Organisation ist die Gleichberechtigung von Lesben und Schwulen fest verankert: EFKÖ gewährt freiwillige Sozialleistungen auch allen Partner*innen seiner Beschäftigten, unabhängig vom Geschlecht. Im Verein gibt es neben der Geschäftsführerin mehrere offiziell benannte Vertrauenspersonen. Diese greifen auch ein, wenn in der Organisation Fälle von Benachteiligung oder Diskriminierung bekannt werden. In einem Fall weigerte sich z. B. eine Tagesmutter eine lesbische Praktikantin aufzunehmen, mit der Begründung, Homosexualität habe einen schädlichen Einfluss auf die Kinder. In dem Fall führte eine Vertrauensperson ein Gespräch mit der Mitarbeiterin und wies auf ihr diskriminierendes Verhalten hin.

Sexuelle Orientierung stellt einen eigenen Themenbereich bei der Weiterbildung der Mitarbeiter*innen dar. Die Schulungen werden jedoch nicht von oben verordnet, sondern auf Wunsch aller Beschäftigten, auch der Tageseltern und Pflegeeltern durchgeführt. Dementsprechend freiwillig ist die Teilnahme für die Mitarbeiter*innen. Auch die Beschäftigten in der Familienberatung nutzen Fortbildungen, um z. B. Eltern mit Transgender-Kindern kompetent zu unterstützen. CSR- und Diversity-Richtlinien sind teilweise auch bei der Auswahl externer Lieferanten und Kooperationspartner eine Bedingung. Ein Beispiel hierfür ist die Sensibilisierung von zentralen Kooperationspartnern in der Jugendwohlfahrt für das Thema lesbische und schwule Pflegeeltern.

## 7.5.2 Lobbyarbeit für die Rechte gleichgeschlechtlicher Paare

Nach außen war es der Leitung ein Anliegen, sich dafür einzusetzen, dass homosexuelle Paare Pflegekinder und Adoptivkinder aufnehmen können. Schon lange bevor in Österreich entsprechende Rechte in Kraft traten, gründete der Verein eine Arbeitsgruppe für schwule und lesbische Pflegeeltern. Zu dieser Zeit war es homosexuellen Paaren in beinahe allen Bundesländern offiziell nicht gestattet, Pflegekinder bei sich aufzunehmen. In Wien gab es zwar seit Jahren bereits homosexuelle Pflegeeltern, es durfte nur nicht öffentlich dafür geworben werden. Das bedeutete, dass homosexuelle Pflegeeltern unsichtbar bleiben mussten. Ziel von EFKÖ war es damals, ein Austausch- und Vernetzungsforum sowohl für Eltern als auch deren Kinder zu schaffen, um sich über eigene Erfahrungen als Patchwork- und Regenbogenfamilie auszutauschen. Zunächst waren es überwiegend lesbische Frauen, die EFKÖ vernetzte, nach und nach kamen auch immer mehr schwule Männer hinzu. Seit 2012 organisieren sich die Eltern in diesem Netzwerk eigenständig ohne die aktive Unterstützung des Vereins.

Als homosexuellen Paaren 2011 in Österreich erlaubt wurde, Pflegekinder aufzunehmen, bestand vonseiten homosexueller Menschen die Befürchtung, dass an schwule oder lesbische Paare nur solche Pflegekinder vermittelt werden, die aufgrund multipler Problemlagen sonst niemand aufnehmen möchte. Um möglicher Diskriminierung bei der Auswahl von Pflegeeltern entgegen zu wirken, intensivierte der Verein seine politische Arbeit mit den Kooperationspartnern wie z. B. der Jugendwohlfahrt. Nach Aussage der Geschäftsführerin haben sich diese Befürchtungen jedoch nicht bestätigt. Auf der Homepage des Vereins finden sich zahlreiche Presseartikel, die über die politische Arbeit des Vereins für das Pflege- und Adoptionsrecht gleichgeschlechtlicher Paare berichten, u. a. im Zusammenhang mit der Aufhebung des Adoptionsverbots für gleichgeschlechtliche Paare im Jahr 2016.

Für sein Engagement erhielt der Verein im Jahr 2011 den meritus Unternehmenspreis 2011 in der Kategorie Klein- und Mittelbetriebe. Die Auszeichnung wird von den Vereinen Queer Business Women (QBW) und austrian gay professionals (agpro) an Betriebe in Österreich verliehen, die sexuelle Orientierung in besonderer Weise berücksichtigen.

## 7.6 Altersgerechte Personalentwicklung im Rauhen Haus

Die Stiftung Das Rauhe Haus engagiert sich als Einrichtung der Diakonie mit 1200 Beschäftigten an 100 Standorten in Hamburg und Schleswig-Holstein mit Betreuungs- und Bildungsangeboten für mehr als 3000 Menschen. Zur Stiftung gehören die Betreuungsbereiche Kinder- und Jugendhilfe, Sozialpsychiatrie, Pflege und Teilhabe mit Assistenz sowie die allgemeinbildende Wichern-Schule, die Evangelische Berufsschule für Pflege und die Evangelische Hochschule für Soziale Arbeit der Diakonie. Im Rahmen des Projektes „Flexibel bleiben", das vom Europäischen Sozialfonds und BMAS im Rahmen der Initiative Rückenwind gefördert wurde, hat das Rauhe Haus zwischen Mai 2012 und Dezember 2014 mit drei weiteren diakonischen Trägern verschiedene Maßnahmen zur alternsgerechten Personalentwicklung konzipiert und erprobt (Möbius und Haider-Lorentz 2014, S. 4).

Eine Altersstrukturanalyse zu Beginn des Projektes ergab, dass der Anteil der über 50-jährigen Mitarbeiter*innen 2012 bereits sehr hoch lag und in den folgenden zehn Jahren entsprechend steigen würde (zur Durchführung einer Altersstrukturanalyse s. Abschn. 4.4). Daraus wurde von den Projektverantwortlichen ein erhöhter Handlungsbedarf zur Erhaltung der Arbeitsfähigkeit, Gesundheit und Motivation der Beschäftigten abgeleitet (Möbius und Haider-Lorentz 2014, S. 12). Die Ziele umfassen

- den Erhalt der Leistungsfähigkeit älterer Mitarbeitender,
- die Etablierung eines demografieorientierten und generationensensiblen Führungskonzepts,
- die Ermöglichung einer genderspezifischen lebensphasenorientierten Laufbahngestaltung sowie
- die Nutzung des Fach- und Erfahrungswissens der älteren Beschäftigten.

Die beteiligten Einrichtungen identifizierten Arbeitsbereiche mit besonders hohem Anteil an älteren Mitarbeiter*innen, um dem drohenden Wissensverlust durch Altersabgänge entgegenzuwirken. Außerdem wurde eine konkrete quantitative und qualitative Rekrutierungsstrategie für die nächsten zehn Jahre formuliert. Intern sollen gezielt Nachwuchskräfte wie Auszubildende, Absolventen*innen des Freiwilligen Sozialen Jahres und Bundesfreiwillige gefördert und für eine langfristige Beschäftigung in den Einrichtungen gewonnen werden. Die am Projekt beteiligte Martha-Stiftung setzte darüber hinaus auf die Ansprache neuer

Zielgruppen, wie z. B. älterer Fachkräfte, verstärktem Personalmarketing im Hamburger Umland und auf die Anwerbung von neuen Mitarbeiter*innen aus dem eigenen Bekanntenkreis (Kellner 2014, S. 32).

Nach Aussage der Personalentwicklerin der Stiftung Rauhes Haus bildet die Altersstrukturanalyse auch vier Jahre nach Projektabschluss eine wichtige Grundlage, um den zukünftigen Fachkräftebedarf zuverlässig zu prognostizieren. Dazu werden regelmäßig neue Berechnungen durchgeführt, aus denen deutlich wird, dass der Altersdurchschnitt der Belegschaft sukzessiv zunimmt. Aus ihrer Sicht haben die Projektaktivitäten dazu geführt, dass innerhalb der Organisation ein Bewusstsein für das Thema „generationensensible Personalarbeit" entstanden ist, auch wenn nicht mehr alle Maßnahmen in der gleichen Intensität weitergeführt werden konnten.

### 7.6.1 Demografie orientiertes und generationensensibles Führungskonzept

Für Führungskräfte entwickelten die beteiligten Träger ein 2,5 tägiges Fortbildungsangebot zur Demografie orientierten und generationensensiblen Personalführung sowie thematische Vertiefungen von jeweils einem halben Tag. Die Schulung vermittelt Grundkenntnisse über die Auswirkungen des demografischen Wandels sowie Kompetenzen, Methoden und Verfahren zur Ausbildung eines Führungsstils, der auf einer ressourcenorientierten und alterssensiblen Haltung basiert. In einem ersten Durchlauf wurden Spitzenführungskräfte der beteiligten Einrichtungen ausgebildet, um sich danach trägerübergreifend auf gemeinsame Personalentwicklungsmaßnahmen zu einigen. Den Projektverantwortlichen war es dabei wichtig, dass nur solche Maßnahmen verabschiedet wurden, für die auch ausreichend Kapazitäten zur Umsetzung vorhanden waren. Danach nahmen in der zweieinhalb jährigen Projektlaufzeit mehr als 100 Führungskräfte an den Schulungen teil, die sowohl aus Awareness- als auch Skill-Building-Modulen bestehen (Möbius und Haider-Lorentz 2014, S. 13).

Für die Gewinnung der Führungskräfte war es nach Aussage der Workshop-Leiterin wichtig, eine ausgewogene Mischung zwischen Sensibilisierung und Wissensvermittlung aus empirischen Studien anzubieten (ebd., S. 15). Auch die Kollegiale Beratung erwies sich als erfolgversprechende Methode, um exemplarisch einige konkrete Probleme zu generationensensibler Führungsarbeit zu bearbeiten. Die Thematisierung eigener Belastungserfahrungen und -situationen erhöhte die Bereitschaft, sich mit dem Thema näher zu beschäftigen. Kritisch bewertet wurde von den Führungskräften dagegen die verpflichtende Teilnahme

## 7.6 Altersgerechte Personalentwicklung im Rauhen Haus

(ebd., S. 15), die jedoch aus Organisationsentwicklungssicht eine zentrale Voraussetzung sein sollte, um alle Beteiligten in den Prozess einzubeziehen.

Im **ersten Modul** ging es für die teilnehmenden Führungskräfte darum, den Blick auf Bilder, Deutungen und Vorurteile zum „Älter werden" zu verändern und dabei eigene Erfahrungen und biografische Muster zu reflektieren. Eine defizitorientierte Sichtweise auf Ältere sollte aufgebrochen und die Ausbildung einer theoretisch und konzeptionell fundierten Haltung zu generationssensibler Führung gefördert werden (Möbius und Haider-Lorentz 2014, S. 13). In den Fortbildungen wurden Kriterien für gutes Führungsverhalten herausgearbeitet und Anwendungsmöglichkeiten für den transformativen Führungsstil beleuchtet (ebd., S. 19). Bei der transformationalen Führung geht es darum, Werte und Einstellungen der Beschäftigten durch vorbildhaftes Verhalten oder eine fesselnde Mission so zu verändern bzw. transformieren, dass sie in den Aufgaben einen Sinn erkennen und intrinsisch motiviert zu den gemeinsamen Organisationszielen beitragen (Holtbrügge 2015, S. 232). In einem Selbstcheck sollten die eigenen Haltungen zu folgenden Fragen reflektiert werden:

- „Bin ich als Führungskraft darüber informiert, wie sich die Leistungsfähigkeit mit dem Älterwerden verändert?
- Was weiß ich über das Krankheitsverhalten Jüngerer und Älterer?
- Welche Verantwortung hat der Betrieb für die Gesundheit?
- Wie genau kenne ich die Kompetenzen der Mitarbeitenden?
- Führe ich regelmäßige Mitarbeiterentwicklungsgespräche durch?" (Möbius und Haider-Lorentz 2014, S. 18)

Neben der Reflexion der eigenen Wahrnehmung von älteren Mitarbeiter*innen lernten die Führungskräfte konkrete Lösungen zur Förderung von Lern- und Entwicklungsmöglichkeiten am Arbeitsplatz kennen, wie z. B. die Bildung von Tandems älterer und jüngerer Mitarbeiter*innen zum wechselseitigen Austausch. Ergebnisse der Awareness-Trainings waren neues Wissen um gesundheitliche Belastungen, ein Bewusstsein dafür, dass gering Qualifizierte häufiger in gesundheitlich belastenden Aufgabenfeldern wie z. B. Reinigung und Küche eingesetzt werden und die Erkenntnis, dass es große Unterschiede zwischen Jüngeren und Älteren in Bezug auf physische, psychische, mentale und soziale Fähigkeiten gibt (ebd., S. 18 f.).

Nachdem sich die Organisationsleitungen der beteiligten Träger auf die Vorauswahl von vier Personalentwicklungsinstrumente geeinigt haben, sollten die Führungskräfte im **zweiten Modul** diese Instrumente kennen lernen und entscheiden, welche davon für den eigenen Bereich bzw. die eigenen Teams geeignet erscheinen und in welcher Reihenfolge sie ggf. umgesetzt werden sollen. Zur Auswahl standen a) die Arbeitssituationsanalyse, b) Gesundheitszirkel, c) Mitarbeitergespräche und d) Mitarbeiter Feedback.

Die Teilnehmer*innen hatten vier bis sechs Wochen Zeit, um die ausgewählten Personalentwicklungsmaßnahmen in der Praxis einzuführen, danach kamen sie zur Auswertung der Praxisschritte in einem **dritten Modul** noch einmal für einen halben Fortbildungstag zusammen. Nach der Praxisphase wurde deutlich, dass demografie- und generationensensible Führung eng mit Qualitätsanforderungen, aber auch mit dem individuellen Führungsverhalten verbunden ist (ebd., S. 14).

### 7.6.2 Neue Karrierewege für Berufserfahrene

Für Beschäftigte ab 40 Jahren, die nach einer Familienphase über ihren bisherigen beruflichen Werdegang bilanzieren und über weitere Entwicklungsschritte nachdenken wollten, wurden im Rahmen der Projektlaufzeit Gruppen- und Selbstcoachings angeboten. Ein Teil der Coaching-Gruppen war ausschließlich für Frauen vorgesehen, da sich ihre Biografien und Karriereplanung von Männern grundsätzlich unterscheiden (Möbius und Haider-Lorentz 2014, S. 27). Zur Standortbestimmung kam die Time-Line-Methode zum Einsatz, eine Visualisierungstechnik, in der die Teilnehmer*innen ihre Höhen und Tiefen ihres Berufslebens auf einem Zeitstrahl eintragen (Abb. 7.3). Durch diese Methode sollten individuelle Erfahrungen chronologisch dargestellt sowie Kriterien, Präferenzen und Bewertungsmaßstäbe sichtbar gemacht werden. Jeder Zeitstrahl wurde in der Gruppe präsentiert und von allen wertschätzend kommentiert.

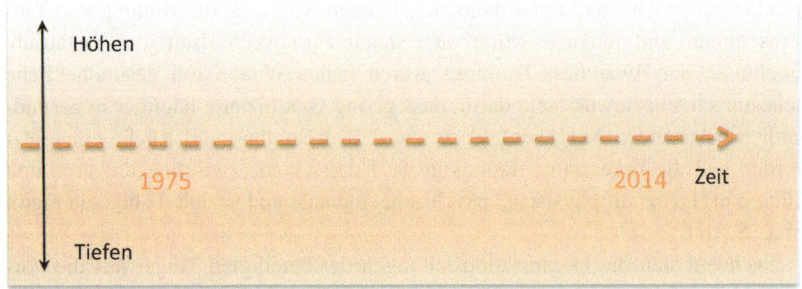

**Abb. 7.3** Time-Line-Methode: Zeitstrahl zur Visualisierung der Berufsbiografie. (Quelle: Eigene Darstellung nach Möbius und Haider-Lorentz (2014, S. 29))

Anschließend wurden alle gebeten, für jedes Gruppenmitglied mindestens drei Fähigkeiten oder Kompetenzen zu benennen (ebd., S. 29).

Im zweiten Schritt ging es darum, den „roten Faden" in der eigenen Berufsbiografie herauszuarbeiten und die Time-Line bis zur Rente imaginär zu vervollständigen. Bis zum Folgetermin sollten die Teilnehmer*innen Fragen, Ideen und Visionen entwickeln, die dann beim letzten Coachingtermin mit Kreativitätsmethoden konkretisiert wurden (ebd., S. 30). Es zeigte sich, dass vor allem Frauen ein eher negatives Bild von ihrer Karriere zeichneten: sie nahmen positive Entwicklungen eher als Zufälle von außen wahr, statt sie auf eigene Leistung zurückzuführen. Für die Mehrheit der Frauen war es außerdem kaum vorstellbar, nach längerer Teilzeittätigkeit wieder in Vollzeit zu arbeiten. Durch die Coachings wurden sie ermutigt, ihre eigenen Leistungen zu erkennen, zu artikulieren sowie eigene berufliche Wünsche aktiv zu verfolgen (ebd., S. 31).

### 7.6.3 Teamentwicklung als Beitrag zum Erhalt der Leistungsfähigkeit von Älteren

Um das Wissen zwischen älteren und jüngeren Generationen zusammenzuführen und eine intergenerative Sicht füreinander zu vermitteln wurden zweitägige Teamentwicklungsworkshops für generationenübergreifende Teams durchgeführt. Ältere Mitarbeiter*innen, die bereits häufiger Veränderungen oder Verschlechterungen von Arbeitsabläufen miterlebt hatten und daher verstärkt zu Resignation neigen, konnten Handlungs- und Gestaltungsspielraum neu entdecken und ihren eigenen Beitrag für das Team erkennen (Möbius und Haider-Lorentz 2014, S. 34 f.).

Zur Stärkung der Teamgesundheit kam bei den beteiligten Einrichtungen das Instrument der **Arbeitssituationsanalyse** zum Einsatz (ebd., S. 37). Es handelt sich dabei um ein standardisiertes Verfahren zur Erfassung physischer und psychischer Belastungen am Arbeitsplatz. Dazu wird mit dem Team oder der Abteilung eine zweistündige Gruppendiskussion durchgeführt, die auf Flipchart oder Metaplanwänden festgehalten und anschließend protokolliert wird. Die Arbeitssituationsanalyse wird mit folgenden Leitfragen durchgeführt:

- „Für wie wichtig halten Sie eine Veränderung Ihrer Arbeitssituation?
- In welchen der folgenden Bereiche Ihrer Arbeitssituation sollte eine Verbesserung stattfinden: Arbeitsumgebung, Arbeitsorganisation, Tätigkeit, Gruppen- und Betriebsklima, Zusammenarbeit mit Vorgesetzten?

- Welche Vorschläge oder Ideen zur Verbesserung der Arbeitssituation haben Sie?
- Was gefällt Ihnen an Ihrer Arbeit besonders gut?" (Möbius und Haider-Lorentz 2014, S. 37)

Als Erfolgskriterien einer gelungenen Teamentwicklung erwiesen sich im Projekt „Flexibel bleiben" folgende Faktoren: die Zustimmung für Teamentwicklungsmaßnahmen bei der Mitarbeitervertretung einzuholen, die Präsentation der Ergebnisse durch die Teilnehmenden vor der Leitungsebene, der Beginn mit Sofortmaßnahmen sowie ein Follow-up-Workshop nach spätestens zwölf Monaten (ebd., S. 37).

### 7.6.4 Horizontale Karrieren: Hospitation für ältere Beschäftigte im Rauhen Haus

Mitarbeiter*innen aus dem Rauhen Haus, die bereits lange am gleichen Arbeitsplatz beschäftigt waren, erhielten die Möglichkeit, für zwei Tage die Praxis anderer Arbeitsbereiche kennen zu lernen. Auf diese Weise sollte deren Wechselbereitschaft gefördert werden, aber auch die Möglichkeit, ihr Expertenwissen in andere Bereiche einzubringen und neues Wissen zu erwerben. So profitiert z. B. eine Fachkraft der Sozialpsychiatrie, die häufige Arbeitsbeziehungen zur Kinder- und Jugendhilfe hat davon, die Arbeitsabläufe in der Kinder- und Jugendhilfe selbst kennen zu lernen. Innerhalb der Projektlaufzeit wurden zu zwei verschiedenen Zeitpunkten jeweils 30 Hospitationsplätze eingerichtet. Dabei hatten die Beschäftigten nicht nur die Möglichkeit neue Handlungsfelder der Sozialen Arbeit wie Behindertenhilfe, Kinder- und Jugendhilfe oder Sozialpsychiatrie kennen zu lernen, sondern auch einen Einblick in andere Hierarchieebenen und Arbeitsbereiche der Organisation erhalten, wie Personalentwicklung, Verwaltung oder Hauswirtschaft. Die Rückmeldung der teilnehmenden Beschäftigten war positiv, allerdings wurden zwei Hospitationstage als Vorbereitung für einen konkreten Wechsel als zu kurz bewertet. Die Stiftung das Rauhe Haus hat aus den Erfahrungen mit dem Hospitationsprogramm eine Checkliste für Hospitationsanbieter*innen und -teilnehmer*innen erstellt (Möbius und Haider-Lorentz 2014, S. 41).

## 7.6 Altersgerechte Personalentwicklung im Rauhen Haus

**Checkliste für Anbieter von Hospitationsplätzen**
- Welcher Wochentag bietet sich für eine Hospitation bei uns am ehesten an? Welche Tätigkeiten bzw. Arbeitsabläufe sind typisch für unseren Arbeitsbereich und sollten daher auf jeden Fall in die Hospitation mit einbezogen werden, welche sind vielleicht nicht so bedeutsam?
- Wer im Team kann als Ansprechpartner für den Hospitationstag benannt werden? Wer ist an dem Tag für die Hospitantin/den Hospitanten zuständig?
- Wie soll das Programm für den ersten und zweiten Hospitationstag konkret aussehen?
- Begrüßung durch wen? Wann? Soll es eine Einführung geben?
- Wie sollen die Klientinnen und Klienten auf die Hospitation vorbereitet werden?
- Was sollte die Hospitantin/der Hospitant über sie wissen?
- Welche Arbeitsmittel muss die hospitierende Person mitbringen? Kann sie an Mahlzeiten teilnehmen?
- Verlässliche Kontaktdaten für kurzfristige Abstimmungen zwischen Hospitanten und Hospitationsstelle austauschen.
- Termin, Treffpunkt und Zeitpunkt vereinbaren.

**Checkliste für die hospitierenden Mitarbeitenden**
- Was will ich in der Hospitation erfahren und welche Erwartungen habe ich an den Tag?
- Geht es mir um das Kennenlernen eines anderen Arbeitsbereichs oder einer anderen Tätigkeit innerhalb meines Arbeitsbereiches?
- Wie stark will ich in die praktische Arbeit mit einbezogen werden?
- Wo habe ich Berührungsängste und fühle mich unsicher?
- Was will ich am ersten Tag auf jeden Fall mitbekommen?
- Verlässliche Kontaktdaten für kurzfristige Abstimmungen zwischen Hospitanten und Hospitationsstelle austauschen.
- Termin, Treffpunkt und Zeitpunkt vereinbaren.

Quelle: Wörtliche Übernahme aus Möbius und Haider-Lorentz (2014, S. 41)

Das Hospitationsprogramm ist nach wie vor im Fortbildungsprogramm der Stiftung verankert. Statt festgelegter und vorher angekündigter Hospitationstage, werden Arbeitsort, Zeit und Dauer der Einsätze inzwischen mit Beschäftigten individuell vereinbart.

## 7.7 Social Reporting in der Inklusionskinderkrippe nestwärme

Seit 1999 engagiert sich das Sozialunternehmen nestwärme mit Sitz in Trier für mehr Lebensqualität in Familien mit schwer kranken und behinderten Kindern. Mit seinen Leistungen trägt das Sozialunternehmen dazu bei, Menschen in verschiedenen Lebensphasen sowie Familiensysteme zu fördern und zu stärken. Dafür hat nestwärme eine Struktur entwickelt, die sich ganz an den besonderen Bedürfnissen dieser Familien orientiert und Entlastungsangebote beinhaltet. Unter dem Dach des gemeinnützigen Vereins befinden sich ein bundesweites ehrenamtliches Netzwerk von ZeitSchenkern, die Eltern von schwerstkranken und behinderten Kindern zeitlich entlasten, ein Kinderkompetenzzentrum, das einen ambulanten Kinderkrankenpflege- und Kinderhospizdienst in Rheinland-Pfalz und dem Saarland anbietet sowie die inklusive Kinderkrippe in Trier, die gleichzeitig auch Betriebskita für die Beschäftigten der Stadtverwaltung und des Landkreises Trier-Saarburg ist. 2014 wurde die inklusive Krippe mit dem Phineo-Wirkt-Siegel für ihr pädagogisches Konzept ausgezeichnet.

In der nestwärme Kinderkrippe können bis zu 49 Kinder im Alter von zwei Monaten bis drei Jahren von Fachkräften aus dem pädagogischen, heilpädagogischen und pflegerischen Bereich betreut werden. Das inklusive Konzept sieht vor, dass insgesamt neun Kinder mit Beeinträchtigung, chronischer Erkrankung und Entwicklungsverzögerung aufgenommen werden.

### 7.7.1 Inklusion als Teil der Qualitätssicherung

Im Zentrum des ständigen Entwicklungsprozesses zur Verbesserung des Inklusionskonzepts stehen die Fachkräfte. Ein kontinuierlicher Selbstreflexionsprozess soll sie befähigen, alle Kinder bedingungslos anzunehmen und entwicklungsgemäß zu fördern (nestwärme 2016, S. 52). Die Teilhabe von Kindern mit schwersten Behinderungen wird selbstverständlich ermöglicht, die Kinder sind grundsätzlich in alle täglichen Abläufe integriert. Die Eltern- und

## 7.7 Social Reporting in der Inklusionskinderkrippe nestwärme

Familienbildung spielt eine zentrale Rolle bei der Verankerung des Inklusionsgedankens in der frühkindlichen Pädagogik (nestwärme 2016, S. 52). nestwärme definiert Inklusion wie folgt:

> **Übersicht**
> - „Es geht darum, alle Kinder mit ihren individuellen Bedürfnissen und Entwicklungsmöglichkeiten wahrzunehmen, unabhängig von Alter, Religion, Herkunft, Erkrankung oder Beeinträchtigung.
> - Jedes Kind wird in seiner Einzigartigkeit angenommen und in seiner individuellen Entwicklung unterstützt, begleitet und gefördert."
>
> (Wörtlicher Auszug aus dem pädagogischen Konzept der nestwärme Inklusionskita, internes Dokument)

Im Alltag unterscheiden die Beschäftigten der Kita nicht zwischen Regel- und Förderkindern, deshalb wird auf diese Unterscheidung im pädagogischen Konzept bewusst verzichtet. Zur Förderung des Inklusionsgedankens entwickelte die nestwärme Akademie ein Resilienz-Fortbildungskonzept für Beschäftigte und Familien, das Rüstzeug für den Umgang mit alltäglichen Belastungen vermitteln soll. Das pädagogische Konzept sieht für Beschäftigte zwei Teamtage pro Jahr vor, die von Mitarbeiter*innen mit Expertenwissen oder externen Dozent*innen gestaltet werden können. Bei Bedarf besteht die Möglichkeit von Team- und Fallsupervision, die auch zu Diversity-Themen eingesetzt werden können.

Der Träger hat Richtlinien zu Bekämpfung von Diskriminierung und sexuellem Missbrauch in seinen Verhaltenskodex aufgenommen, der zukünftig von allen neuen Mitarbeiter*innen unterschrieben werden muss. Beschäftigte und Ehrenamtliche verpflichten sich, jede Form von Diskriminierung und Benachteiligung in Bezug auf Alter, Behinderung, Geschlecht, politische Haltung, gewerkschaftliche Betätigung, Religion oder sexuelle Orientierung zu unterlassen und aktiv zu einer „Atmosphäre respektvollen Miteinanders wie gegenseitiger Wertschätzung und Achtsamkeit" beizutragen. Die Leitlinie sexueller Missbrauch richtet sich vor allem an Ehrenamtliche, die als Zeitschenker direkt in den Familien eingesetzt werden. Zusätzlich hat der Verein einen Wertekodex verabschiedet, der Leitlinien für einen respektvollen Umgang miteinander im Alltag enthält:

**YAKARI nestwärme Wertewelt**
Wir pflegen einen respektvollen, anerkennenden, vertrauensvollen und zuverlässigen Umgang miteinander. Das bedeutet für uns:

- Wir nehmen das Anderssein des anderen als Chance wahr;
- wir hören einander zu – auch wenn die Zeit mal knapp wird;
- wir lassen den anderen ausreden – auch wenn wir etwas ungeduldig sind;
- wir gehen miteinander unvoreingenommen, offen und konstruktiv um;
- wir loben und können Lob empfangen;
- wir können uns miteinander und für den anderen freuen;
- wir wissen, dass niemand perfekt ist und jeder seine Stärken und Schwächen hat;
- wir schaffen in dieser Erkenntnis eine Arbeitsatmosphäre, die es jedem ermöglicht, seine Stärken frei zu entfalten und offen mit seinen Schwächen umzugehen
- wir leben und arbeiten in einer Umgebung, in der einem geholfen wird, wenn man Unterstützung braucht;
- wir können mit unseren und den Fehlern anderer gut umgehen, denn wir nehmen unsere eigene Verantwortung ernst und wahr;
- wir kennen unsere Grenzen – auch das bedeutet für uns zuverlässig sein;
- wir können mit Kritik umgehen, denn sie ist immer zielführend und nie persönlich;
- wir können darauf vertrauen, dass wir aufkommende Unstimmigkeiten unmittelbar und direkt mit der Person bzw. den Personen klären, die betroffen ist/sind.
- Wir sprechen miteinander – nicht übereinander. Wir sind füreinander da.

(Quelle: YAKARI Wertewelt, internes Dokument)

Die Qualitätssicherung von nestwärme umfasst Vorgaben für die fachlichen Standards der Mitarbeiter sowie für die Netzwerkarbeit mit Familienzentren und Dienstleistern des Sozial- und Gesundheitswesens, die als Gelingensbedingungen für das inklusive Konzept gesehen werden. Zu den Qualitätsstandards gehört auch eine Beschreibung der Art und Intensität der Arbeit mit der kommunalen Politik, die zur Förderung und Weiterentwicklung des Konzepts der inklusiven frühkindlichen Förderung als unabdingbar gesehen wird (nestwärme 2016, S. 52).

## 7.7.2 Wirkungsmessung der inklusiven Krippe durch Social Reporting

Das Sozialunternehmen nestwärme evaluiert die Wirkungen seiner Arbeit auf den drei Ebenen Input, Output und Outcome und veröffentlicht seine Ergebnisse in einem alle zwei Jahre erscheinenden Wirkungsbericht nach dem Social Reporting Standard. Für die Kinderkrippe beschreibt die Organisation auf der *Input-Ebene* die eingesetzten Ressourcen wie Fachkräfte, Räumlichkeiten und Ausstattung. Im Jahr 2014 betreuten 9,5 Mitarbeiter*innen (Vollzeitäquivalente) 16.720 h für 24 Kinder in drei Gruppen. In jeder Gruppe befanden sich drei Kinder mit Behinderung. Die *Output-Ebene* beinhaltet die erbrachten Leistungen sowie die Auslastung der Kita. Als Outcome werden die Wirkungen des inklusiven Konzepts bei Kindern, Eltern und Mitarbeiter*innen beschrieben: dazu kamen Beobachtungen von Kindern und Gespräche mit Eltern und Mitarbeiter*innen zum Einsatz. Mit der Erhebung wurden Einstellungen, Handlungen und Veränderungen der Lebenslage bei den Zielgruppen erfasst. Eltern gesunder Kinder antworteten, dass man gar nicht merke, wer die gesunden und wer die beeinträchtigten Kinder sind und dass sich ihre Berührungsängste mit behinderten Kindern und Menschen außerhalb der Krippe aufgelöst haben. Die Eltern der beeinträchtigten Kinder fühlten sich durch das Angebot spürbar entlastet und gewannen Zeit, um eine existenzsichernde berufliche Tätigkeit fortführen.

Die Mitarbeiter*innen wurden zu Einstellung, Handlung und Veränderung von Lebenslagen befragt.

Für die Beschäftigten war es wichtig, am inklusiven Konzept mitarbeiten zu können und die innere Haltung zum Thema frühkindlicher Inklusion aktiv leben zu können. So beschreibt eine Mitarbeiterin in einem Statement, dass sie ihre defizitäre Sichtweise auf Behinderung abgelegt habe und durch die Projektarbeit stärker an den individuellen Neigungen und Fähigkeiten der Kinder ansetzt, statt eine Norm vorauszusetzen. Betont wurde auch die von den Gründerinnen geprägte wertschätzende Unternehmenskultur sowie förderliche Rahmenbedingungen wie z. B. der erhöhte Personalschlüssel und ausreichend Freiraum, die es ermöglichen inklusiv zu arbeiten und jedem Kind gerecht zu werden. Geschätzt wird außerdem der intensive fachliche Austausch mit den Kollegen und Zeit für eine intensive Kooperation mit Eltern, Therapeuten und dem Arbeitskreis Inklusion der Stadt Trier. Eine Befragung durch die Organisation Great Place to Work ergab eine hohe Mitarbeiterzufriedenheit. 97 % der Krippen-Mitarbeiter*innen stimmten den Aussagen zu: „Meine Arbeit hat eine besondere Bedeutung für mich und ist nicht nur ein Job" und „Als Mitarbeiter fühlt man sich hier willkommen" (nestwärme 2016, S. 56 f.).

## Literatur

Bischof, D.-M. (2014). Mit Transparenz an die Sache ran. *Neue Caritas Spezial, 2,* (S. 16–17).
Götz, E. (2014). Frauen stärken, zu sich zu stehen. *Neue Caritas Spezial, 2,* (S. 6–9).
Gomer, A.-K. (2014). Förderung allein genügt nicht. *Neue Caritas Spezial, 2,* (S. 12–15).
Gomer, A.-K., & Schramkowski, B. (2014). Den Frauen den Weg ebnen. *Neue Caritas Spezial, 2,* (S. 4–5).
Hielen, M. (1998). *Altenhilfe für Einwanderer. Anforderungen an eine ethnisch-orientierte Altenhilfe. Abschlussbericht des DRK-Pilotprojektes Ethnischer Schwerpunkt Altenhilfe (ESA).* Duisburg: SOKOOP-Verlag.
Homepage AfB (2018). https://www.afb-group.de/home/. Zugegriffen: 18. Juli 2018.
Hieronymus, A., Hutter, J., Wöbcke, C., & Eralp, H. (2008). *Azubi-Auswahl mit Zukunft – Interkulturelles Einstellungsverfahren für Bürokaufleute und Kaufleute für Bürokommunikation.* Hamburg (Zu beziehen über KWB Koordinierungsstelle Weiterbildung und Beschäftigung).
Kellner, J. (2014). Demografieorientiertes Personalmanagement – wie Wohlfahrtsorganisationen dauerhaft wettbewerbsfähig bleiben. In G. Birnkraut, R. Lisowksi & R. Wortmann (Hrsg.), *Jahrbuch für Management in Nonprofit-Organisationen 2014, Bd. 3* (S. 15–42). Berlin, Münster: LIT.
Kühn, R. (2014). Schlüsselpersonen ins Boot holen. *Neue Caritas Spezial, 2,* (S. 18).
Möbius, T., & Haider-Lorentz (2014). *Flexibel bleiben Altersgerechte und generationensensible Personalentwicklung in sozialen Arbeitsfeldern Eine Handreichung für die Praxis.* Hamburg: Das Rauhe Haus.
nestwärme (2016). Jahres- und Wirkungsbericht. https://nestwaerme.de/2016/09/publikation-erster-kombinierter-jahres-und-wirkungsbericht/. Zugegriffen: 16. Juli 2018.
Rapp, N. (2014). Bad Waldsee. Leitungsstellen sind teilbar. *Neue Caritas Spezial, 2,* (S. 20).
Schramkowski, B., & Kricheldorff, C. (2014). Tradierte Rollenbilder aufbrechen. *Neue Caritas Spezial, 2,* (S. 10–11).
Surat-Dagtekin, G. (2011): Krankheit und Kranksein des türkischen Migranten. Dissertation. Institut für Geschichte und Ethik der Medizin der Universität zu Köln. https://repository.publisso.de/resource/frl:4215541-1/data, Zugegriffen: 12. Juli 2018.

## Homepages der vorgestellten Träger und Einrichtungen

Koordinierungsstelle Weiterbildung und Beschäftigung e. V.: https://www.kwb.de
DRK Haus am Sandberg: https://www.drk-haus-am-sandberg.de
AfB Social Green IT: https://www.afb-group.de
Caritas Verband: https://www.caritas.de/neue-caritas/spezialausgaben/praxisleitfaden-gleichgestellt-in-fuehru
Eltern für Kinder Österreich e. V.: https://www.efk.at
Stiftung das Rauhe Haus: https://www.rauheshaus.de
nestwärme e. V.: https://www.nestwaerme.de

# Schlussbetrachtung 8

Die Beispiele aus der sozialwirtschaftlichen Praxis haben gezeigt, dass es nicht *einen* goldenen Standard für die Umsetzung von Diversity Management gibt. Vielmehr definiert jede Organisation für sich selbst, was sie darunter versteht, welche Handlungsfelder sie bearbeitet, und wie sie die Maßnahmen institutionell verankert. In den Beispielen finden sich Merkmale für klientenorientierte Diversity wie beim Haus am Sandberg, das seine Belegschaft entsprechend der Bewohner*innenstruktur zusammensetzt. Organisationales Lernen nach dem Lern- und Effektivitätsparadigma kommt vor allem in der Stiftung Das Rauhe Haus und AfB zur Anwendung, deren Führungskräfteschulungen Teil einer betrieblichen Diversity-Strategie sind. Aber auch die anderen vorgestellten Einrichtungen legen Wert auf Sensibilisierung und Kompetenzentwicklung ihrer Beschäftigten in ihrem jeweiligen Handlungsfeld. Es finden sich Beispiele für die Beteiligung von Mitarbeiter*innen in Diversity-Qualitätszirkeln (Haus am Sandberg, Stiftung Das Rauhe Haus) und für die systematische Berücksichtigung in organisationalen Prozessen, wie der Integration von Diversity-Praktiken im Qualitätsmanagement (Haus am Sandberg, Kita nestwärme). Die Beeinflussung der Umweltbeziehungen nach dem Sustainable inclusion & transformation-Paradigma kam am deutlichsten bei EFKÖ zum Ausdruck: der Verein schafft nicht nur intern Akzeptanz für die Vielfalt sexueller Orientierungen und Familienformen, sondern setzt sich auch gemeinsam mit Kooperationspartner*innen politisch für die Rechte schwuler und lesbischer Paare zur Pflege und Adoption von Kindern ein.

Die Möglichkeit, durch Diversity Management isolierte Ansätze zu einzelnen Dimensionen in einer organisationalen Gesamtstrategie systematisch miteinander zu verzahnen, wurde in keinem Praxisbeispiel konsequent umgesetzt. Meistens steht eine zentrale Dimension, die eng mit dem Sachziel der Organisation verknüpft ist im Mittelpunkt der Diversity-Strategie, wie interkulturelle Pflege im

Haus am Sandberg, die Integration von Menschen mit Behinderung bei AfB, altersgerechte Personalentwicklung in der Stiftung Das Rauhe Haus, sexuelle Orientierung bei EFKÖ und Inklusion in der Kita nestwärme. Lässt sich nun durch Diversity Management eine integrative Perspektive entwickeln, die ökonomische und moralische Auffassungen miteinander verbindet oder überwiegt der Business Case? Sozialwirtschaftliche Organisationen bieten anders als gewinnorientierte Unternehmen gerade aufgrund ihrer Sachzielorientierung die Chance, Vielfalt in die Kernprozesse ihrer Geschäftstätigkeit zu integrieren – genau hierin liegt ihre Stärke. Voraussetzung ist die Etablierung eines professionellen Funktionsbereiches sowie die Gewinnung von Führungspersönlichkeiten, die eine Promotorenrolle einnehmen. Wenn Menschen mit Behinderung entsprechend ihrer Fähigkeiten eingesetzt werden, türkische Heimbewohner*innen gesünder und zufriedener sind, weil das Pflegepersonal ihre Symptome besser deuten kann oder wenn ältere Mitarbeiter*innen länger in der Einrichtung verbleiben, schlägt sich dieser Erfolg auch auf der ökonomischen Seite nieder. Gleichwohl wird das Konzept keine Chance haben, wenn Kosten und ökonomischer Nutzen ausgeblendet werden, denn auch Organisationen der Sozialwirtschaft müssen, wie eingangs beschrieben, die ihnen zur Verfügung gestellten Mittel effizient einsetzen. Diversity Management orientiert sich also auch in sozialwirtschaftlichen Organisationen an betrieblich relevanten Kriterien und dem was in der Praxis benötigt wird. Empirischer Forschungsbedarf besteht hinsichtlich der Frage, welche Rolle die produktive Nutzung von Vielfalt in Organisationen der Sozialwirtschaft spielt und wie sich die Sozialwirtschaft in der Ausgestaltung von Diversity Management von gewinnorientierten Unternehmen unterscheidet.

Allerdings sei an dieser Stelle auch auf die Grenzen von Diversity Management verwiesen: Für kleine Vereine mit überwiegend ehrenamtlichen Helfer*innen wird die Umsetzung einer ressourcenintensiven Diversity-Strategie zur Herausforderung. Hier zeigt das Beispiel EFKÖ, dass durch Vorbilder in der Leitungsebene Kulturveränderungen in der Organisation zur Akzeptanz von Vielfalt auch ohne großen Zusatzaufwand möglich sind. Ein weiterer Risikofaktor ist die mangelnde Kontinuität von Diversity-Maßnahmen. Wichtiger als die Implementierung zahlreicher Tools und Techniken sind eine strategische Denkweise und die Bereitschaft, eine positive Haltung gegenüber Vielfalt einzunehmen.

Abschließend stellt sich die Frage, wie Diversity Management im Alltag gelingen kann. Dazu sei auf das magische Viereck des Diversity Managements von Manfred Becker verwiesen, nach dem in der Organisation vier Prinzipien Berücksichtigung finden müssen: 1. das Prinzip der Leistung, nach dem jeder Mensch seine Begabungen und seine Talente einbringt, um seine persönlichen

# 8 Schlussbetrachtung

Ziele zu verwirklichen, 2. das Prinzip der Subsidiarität, nach dem sich Stärkere für die Unterstützung von Schwächeren einsetzen, 3. das Prinzip der Solidarität, das einen solidarischer Ausgleich zwischen Starken und Schwachen vorsieht und 4. das Prinzip der Vielfalt, deren Berücksichtigung die Leistungsfähigkeit von Personen und Organisationen durch bestmögliche Nutzung der Talente und Begabungen fördert (Becker 2015, 2016, S. 24, 305). Diversity Management ist sicherlich kein Garant für einen kritischen Umgang mit Vielfalt, es kann jedoch einen geordneten Rahmen für die Veränderung individueller Haltung bieten.

# Literatur

Abdul-Hussain, S., & Hofmann, R. (2013). Definition Diversitätskompetenz. http://www.erwachsenenbildung.at/themen/diversitymanagement/grundlagen/. Zugegriffen: 12. Juli 2018.
Aner, K. (2010). Generationsbeziehungen in der Sozialen Beratung älterer Menschen. In K. Aner & U. Karl (Hrsg.), *Handbuch Soziale Arbeit und Alter* (S. 195–204). Wiesbaden: Springer VS.
Anti-Bias-Werkstatt (2018). Was ist Anti-Bias? http://www.anti-bias-werkstatt.de/?q=de/content/was-ist-der-anti-bias-ansatz. Zugegriffen: 12. Juli 2018.
Antidiskriminierungsstelle des Bundes (2018). Entgeltgleichheit. http://www.eg-check.de/eg-check/DE/Wie_wende_ich_eg_check_an/Schritt_fuer_Schritt/_node.html. Zugegriffen: 12. Juli 2018.
Aretz, H., & Hansen, K. (2003). Erfolgreiches Management von Diversity. Die multikulturelle Organisation als Strategie zur Verbesserung einer nachhaltigen Wettbewerbsfähigkeit. *Zeitschrift für Personalforschung, 17. Jg., Heft 1,* (S. 9–36).
BAGFW (Hrsg.). (2012). *Einrichtungen und Dienste der Freien Wohlfahrtspflege. Gesamtstatistik 2012.* Berlin.
Becker, M. (2016). Was ist Diversity Management? In K. Fereidooni & A. P. Zeoli (Hrsg.), *Managing Diversity. Die diversitätsbewusste Ausrichtung des Bildungs- und Kulturwesens, der Wirtschaft und Verwaltung* (S. 291–317). Wiesbaden: Springer VS.
Bendl, R. (2004). Gendermanagement und Gender- und Diversitätsmanagement. Ein Vergleich der verschiedenen Ansätze. In R. Bendl, E. Hanappi-Egger & R. Hofmann (Hrsg.), *Interdisziplinäres Gender- und Diversitätsmanagement. Einführung in Theorie und Praxis* (S. 43–72). Wien: Linde Verlag.
Biedermann, C. (2012). Freiwilligen-Management: Die Zusammenarbeit mit Freiwilligen organisieren. In D. Rosenkranz & A. Weber (Hrsg.), *Freiwilligenarbeit Einführung in das Management von Ehrenamtlichen in der Sozialen Arbeit* (S. 57–66). 2. Aufl. Weinheim und Basel: Beltz Juventa.
Bischof, D.-M. (2014). Mit Transparenz an die Sache ran. *Neue Caritas Spezial, 2,* (S. 16–17).
Bispinck, R., Dribbusch, H., Öz, F., & Stoll, E. (2012). Was verdienen Sozialpädagoginnen und Sozialpädagogen? *Projekt Lohnspiegel.de, Arbeitspapier 15, Juni 2012.*

BMFSFJ (2010). Prüfinstrument Logib D. https://www.bmfsfj.de/blob/94230/d7d01ca61 a5f2347bf3bd429d1c5099d/logib-d-lohngleichheit-im-betrieb-deutschland-data.pdf. Zugegriffen: 12. Juli 2018.

Bode, S. (2012). Personalmanagement in der Sozialen Arbeit. In R. Bieker & E. Vomberg (Hrsg.), *Management in der Sozialen Arbeit* (S. 91–112). Stuttgart: Kohlhammer.

Böttcher et al. (2015). Auf dem Weg zur Inklusion in Kitas. Was wir haben und was wir brauchen. In AWO Landesverband Brandenburg (Hrsg.), *Auf dem Weg zur Inklusion in Kitas. Was wir haben und was wir brauchen.* Potsdam.

Bouncken, R., Pfannstiel, M. A., Reuschl, A. J., & Haupt, A. (2015). *Diversität managen. Wie Krankenhäuser das Beste aus personeller Vielfalt machen.* Stuttgart: Kohlhammer.

Brendler, H. (2015). Gender und Diversity als zukunftsorientierte Unternehmensstrategie. Ein Praxisleitfaden. https://www.zug-augsburg.de/style/images/upload/ZUGToolbox_Mai2015.pdf. Zugegriffen: 12. Juli 2018.

Bührmann, A. D. (2015). Die Bearbeitung von Diversität in Organisationen – Plädoyer zur Erweiterung bisheriger Typen. In E. Hanappi-Egger & R. Bendl (Hrsg.), *Diversität, Diversifizierung und (Ent)Solidarisierung* (S. 109–125). Wiesbaden: Springer VS.

Charta der Vielfalt (2017). *Vielfalt, Chancengleichheit und Inklusion. Diversity Management in öffentlichen Einrichtungen.* Hrsg. von der Charta der Vielfalt, Berlin.

Charta der Vielfalt (2018). Mitglieder bei der Charta der Vielfalt. https://www.charta-der-vielfalt.de/die-charta/. Zugegriffen: 12. Juli 2018.

Chokshi, N. (2017). One in Every 137 Teenagers Would Identify as Transgender, Report Says. *The New York Times*, Feb. 23, 2017.

Cremer, G., Goldschmidt, N., & Höfer, S. (2013). *Soziale Dienstleistungen. Ökonomie, Recht, Politik.* Tübingen: Mohr Siebeck.

Degener, J., Meiser, T., & Rothermund, K. (2009). Kognitive und sozialkognitive Determinanten: Stereotype und Vorurteile. In A. Beelmann & K. J. Jonas (Hrsg.), *Diskriminierung und Toleranz. Psychologische Grundlagen und Anwendungsperspektiven* (S. 75–93). Wiesbaden: VS Verlag für Sozialwissenschaften.

Deloitte, & Universität Köln (2013). Talent und diversity management in deutschen Unternehmen. Ausgewählte Studienergebnisse. http://www.deloitte.com/assets/Dcom-Germany/Local%20Assets/Documents/01_Consulting/2013/C-HCAS-Talent-Diversity-Studie-2013.pdf. Zugegriffen: 14. Januar 2015.

Derman Sparks, L. (1989). Anti-bias curriculum: tools for empowering young children. In L. Derman-Sparks & Anti-Bias Curriculum Task Force (Hrsg.), *Anti-bias curriculum: tools for empowering young children.* Washington DC: National Association for the Education of Young Children.

Derman-Sparks, L., & Brunson-Phillips, C. (1997). *Teaching/Learning Anti-Racism. A Developmental Approach.* New York: Teachers College Press.

Der Paritätische in Bayern (2018). Lohnungleichheit beim Paritätischen. https://www.paritaet-bayern.de/themen/frauen-und-maedchen/equal-pay-day/logib-d/. Zugegriffen: 12. Juli 2018.

Destatis (2016). 7.6 Millionen schwerbehinderte Menschen leben in Deutschland. Pressemitteilung vom 24. Oktober 2016 – 381/16.

Diakonischer Corporate Governance Kodex (DGK) (2016). Chancengleichheit der Geschlechter. https://www.diakonie.de/fileadmin/user_upload/Diakonie/PDFs/Ueber_Uns_PDF/2016_12_07_corpotate_governance_kodex.pdf. Zugegriffen: 12. Juli 2018.

Doose, S. (2012). *Unterstützte Beschäftigung: Berufliche Integration auf lange Sicht. Theorie, Methodik und Nachhaltigkeit der Unterstützung von Menschen mit Lernschwierigkeiten auf dem allgemeinen Arbeitsmarkt.* 3. Aufl. Marburg: Lebenshilfe-Verlag.
Doppler K., & Lauterburg, C. (2008). *Change Management Den Unternehmenswandel gestalten.* 12. Aufl. Frankfurt und New York: Campus Verlag.
Dreas, S. A., & Rastetter, D. (2016). Die Entwicklung von Diversity Kompetenz als Veränderungsprozess. In P. Genkova & T. Ringeisen (Hrsg.), *Handbuch Diversity Kompetenz. Bd. 1: Perspektiven und Anwendungsfelder* (S. 351–369). Wiesbaden: Springer.
DStGB, & BMAS (2014). Kommunale Impulse generationenübergreifender Arbeit. Hintergründe und Einblicke aus dem Aktionsprogramm Mehrgenerationenhäuser. *DstGB Dokumentation No. 129, Verlagsbeilage „Stadt und Gemeinde INTERAKTIV" 12_2014.*
Dzajic-Weber, A. (2015). Anerkennung aus diversen Perspektiven, Zusammenfassung des Vortrags auf der Fachtagung „Anerkennungskulturen heute – Vielfalt in der engagierten Stadtgesellschaft. Berlin am 10.6.2015. http://anerkennungskulturen.de/einblicke/anerkennung-divers/. Zugegriffen: 12. Juli 2018.
*Ehrentraut, O., Hackmann, T., Krämer, L., & Plume, A.-M.* (2014). Ins rechte Licht gerückt: Die Sozialwirtschaft und ihre volkswirtschaftliche Bedeutung. *WISO direkt, März 2014.*
Evers, A., & Ewert, B. (2010). Hybride Organisationen im Bereich sozialer Dienste. Ein Konzept, sein Hintergrund und seine Implikationen. In T. Klatetzki (Hrsg.), *Soziale personenbezogene Dienstleistungsorganisationen* (S. 103–128). Wiesbaden: VS Verlag für Sozialwissenschaften.
Fager, S., & Güvenc, D. (2017). Interkulturelle Öffnung. Was ist das? Wem bringt es was? Wie geht das? https://www.fes-mup.de/files/mup/pdf/broschueren/Diakonie_Fager.pdf. Zugegriffen: 27. Juli 2017.
Fereidooni, K., & Zeoli, A. P. (2016). Managing Diversity – Einleitung. In: K. Fereidooni & A. P. Zeoli (Hrsg.), *Diversity Management: Beiträge zur diversitätsbewussten Ausrichtung des Bildungssystems, des Kulturwesens, der Wirtschaft und der Verwaltung* (S. 9–15). Wiesbaden: Springer VS.
Franken, S. (2015). *Personal: Diversity Management. Studienwissen kompakt.* Wiesbaden: Springer Gabler.
Gardenswartz, L., & Rowe, A. (2008). *Diverse Teams at Work Capitalizing on the Power of Diversity.* Society for Human Resource Management: Alexandria, VA.
Geisen, T., & Ottersbach, M. (2015). Arbeit, Migration und Soziale Arbeit. Herausforderungen und Perspektiven. In T. Geisen & M. Ottersbach (Hrsg.), *Arbeit, Migration und Soziale Arbeit. Prozesse der Marginalisierung in modernen Arbeitsgesellschaften* (S. 1–22). Wiesbaden: Springer VS.
Gieselmann, A., & Krell, G. (2011). Diversity-Trainings: Verbesserung der Zusammenarbeit und Führung einer vielfältigen Belegschaft. In G. Krell, R. Ortlieb & B. Sieben (Hrsg.), *Chancengleichheit durch Personalpolitik. Gleichstellung von Frauen und Männern in Unternehmen und Verwaltungen. Rechtliche Regelungen – Problemanalysen – Lösungen* (S. 199–218). 4. Aufl. Wiesbaden: Gabler.
Gladen, W. (2003). *Kennzahlen- und Berichtssysteme.* 2. Aufl. Wiesbaden: Gabler.
Götz, E. (2014). Frauen stärken, zu sich zu stehen. *Neue Caritas Spezial, 2,* (S. 6–9).
Gomer, A.-K. (2014). Förderung allein genügt nicht. *Neue Caritas Spezial, 2,* (S. 12–15).

Gomer, A.-K. & Schramkowski, B. (2014). Den Frauen den Weg ebnen. *Neue Caritas Spezial, 2,* (S. 4–5).
Gomolla, M., & Radtke, F.-O. (2009). *Institutionelle Diskriminierung. Die Herstellung ethnischer Differenz in der Schule.* Wiesbaden: VS Verlag für Sozialwissenschaften.
Gramelt, K. (2010). *Der Anti-Bias-Ansatz. Zu Konzept und Praxis einer Pädagogik für den Umgang mit (kultureller) Vielfalt.* Wiesbaden: VS Verlag für Sozialwissenschaften.
Grunwald, K. (2014). Sozialwirtschaft. In U. Arnold, K. Grunwald & B. Maelicke (Hrsg.), *Lehrbuch der Sozialwirtschaft* (S. 33–62). Baden-Baden: Nomos.
Grunwald K., & Langer, A. (2018). Sozialwirtschaft – eine Einführung in das Handbuch. In K. Grunwald & A. Langer (Hrsg.), *Handbuch der Sozialwirtschaft* (S. 45–64). Baden-Baden: Nomos.
Grunwald, K., & Steinbacher, E. (2007). *Organisationsgestaltung und Personalführung in den Erziehungshilfen: Grundlagen und Praxismethoden.* Weinheim u. a.: Juventa.
Haas, M., & Koeszegi, S. (2015). Spiel mit mir. Die Konstruktion von Geschlecht und Professionalität in Organisationen – eine Rahmenanalyse. Forum Qualitative Sozialforschung. http://dx.doi.org/10.17169/fqs-18.3.2587. Zugegriffen: 12. Juli 2018.
Handschuck, S., & Schröer, H. (2011). *Interkulturelle Orientierung und Öffnung. Theoretische Grundlagen und 50 Aktivitäten zur Umsetzung.* Hergensweiler: Ziel-Verlag.
Hansen, K., & Dolff, M. (2000). Von der Frauenförderung zum Management von Diversity. In A. Cottmann, B. Kerstendiek & U. Schildmann (Hrsg.), *Das undisziplinierte Geschlecht* (S. 151–173). Opladen: Leske und Budrich.
Hartmann, J. (2016). doing heteronormativity? Funktionsweisen von Heteronormativität im Feld der Pädagogik. In K. Fereidooni & A. P. Zeoli (Hrsg.), *Diversity Management: Beiträge zur diversitätsbewussten Ausrichtung des Bildungssystems, des Kulturwesens, der Wirtschaft und der Verwaltung* (S. 105–134). Wiesbaden: Springer VS.
Hasenjürgen, B. (2007). Fachspezifische Lehrinhalte der Frauen- und Geschlechterforschung im Fach Soziale Arbeit. https://www.katho-nrw.de/fileadmin/primaryMnt/KatHO/Gentra/Hasenjuergen_Soziale_Arbeit_OA_WEB_G_Frauenforschung2007-01-25.pdf. Zugegriffen: 12. Juli 2018.
Hermann-Pillrath, C. (2009). Diversity Management und diversitätsbasiertes Controlling: Von der „Diversity Scorecard" zur „Open Balanced Scorecard". *Frankfurt School Working Paper Series, No. 119.*
Hielen, M. (1998). *Altenhilfe für Einwanderer. Anforderungen an eine ethnisch-orientierte Altenhilfe. Abschlussbericht des DRK-Pilotprojektes Ethnischer Schwerpunkt Altenhilfe (ESA).* Duisburg: SOKOOP-Verlag.
Hieronymus, A., Hutter, J., Wöbcke, C., & Eralp, H. (2008). *Azubi-Auswahl mit Zukunft – Interkulturelles Einstellungsverfahren für Bürokaufleute und Kaufleute für Bürokommunikation.* Hamburg (Zu beziehen über KWB Koordinierungsstelle Weiterbildung und Beschäftigung).
Höher, F., & Höher, P. (2007). Personalprozesse – (K)Ein diskriminierungsfreier Raum? In I. Koall, V. Bruchhagen & F. Höher (Hrsg.), *Diversity Outlooks. Managing Diversity zwischen Ethik, Profit und Antidiskriminierung, Bd. 6* (S. 223–263). Hamburg: Lit Verlag.
Holtbrügge, D. (2015). *Personalmanagement.* 6. Aufl. Berlin und Heidelberg: Springer Gabler.
Homepage AfB (2018). https://www.afb-group.de/home/. Zugegriffen: 18. Juli 2018.
Homepage EEOC (2018). https://www.eeoc.gov/eeoc.gov./eeoc/index.cfm. Zugegriffen: 12. Juli 2018.

# Literatur

Homepage St. Augustinus Kliniken (2018). http://www.st-augustinus-kliniken.de/verantwortung/corporate-social-responsibility-csr/. Zugegriffen: 12. Juli 2018.

IQ Consult (2011). Denkanstösse. Organisationsentwicklung und interkulturelle Öffnung. http://www.netzwerk-iq.de/fileadmin/Redaktion/Downloads/IQ_Publikationen/Thema_Vielfalt_gestalten/2011_Denkansteoesse.pdf. Zugegriffen: 12. Juli 2018.

Janker, K. (2014). Bewerbung als Führungskraft. Warum Frauen sich nicht trauen. http://www.sueddeutsche.de/karriere/bewerbung-als-fuehrungskraft-warum-frauen-sich-nicht-trauen-1.1976961. Zugegriffen: 11. Juli 2018.

Johnston, W. B., & Packer, A. E. (1987). *Workforce 2000: Work and Workers for the Twenty-First Century, Executive Summary.* Indianapolis: Hudson Institute.

Kaplan, R. S., & Norton, D. P. (1997). *Balanced Scorecard: Strategien erfolgreich umsetzen.* Stuttgart: Schäffer-Poeschel.

Kardoff, E., Ohlbrecht, H., & Schmidt, S. (2013). Zugang zum allgemeinen Arbeitsmarkt für Menschen mit Behinderungen. In Antidiskriminierungsstelle des Bundes (Hrsg.), *Zugang zum allgemeinen Arbeitsmarkt für Menschen mit Behinderungen. Expertise im Auftrag der Antidiskriminierungsstelle des Bundes.* Berlin.

Kastl, J. M. (2010). *Einführung in die Soziologie der Behinderung.* Wiesbaden: VS Verlag für Sozialwissenschaften.

Kellner, J. (2014). Demografieorientiertes Personalmanagement – wie Wohlfahrtsorganisationen dauerhaft wettbewerbsfähig bleiben. In G. Birnkraut, R. Lisowksi & R. Wortmann (Hrsg.), *Jahrbuch für Management in Nonprofit-Organisationen 2014, Bd. 3* (S. 15–42). Berlin, Münster: LIT.

Klenner, C., Schulz, S., & Lillemeier, S. (2016). Gender Pay Gap – die geschlechtsspezifische Lohnlücke und ihre Ursachen. In Hans-Böckler-Stiftung (Hrsg.), *Policy Brief WSI 07/2016.*

Koall, I. (2001). *Managing gender & diversity.* Münster, Hamburg, London: Lit.

Köbsell, S. (2016). Doing Disability: Wie Menschen mit Beeinträchtigungen zu „Behinderten" werden. In K. Fereidooni & A. P. Zeoli (Hrsg.), *Diversity Management: Beiträge zur diversitätsbewussten Ausrichtung des Bildungssystems, des Kulturwesens, der Wirtschaft und der Verwaltung* (S. 89–103). Wiesbaden: Springer VS.

Köchling, A., Weber, U., Reindl., J., Weber, B., & Packebusch L. (2010). Demografischer Wandel – (k)ein Problem! Werkzeuge für Praktiker – von Betrieben für Betriebe. In Bundesministerium für Bildung und Forschung (Hrsg.), *Demografischer Wandel – (k)ein Problem! Werkzeuge für Praktiker – von Betrieben für Betriebe.* 2. Aufl. Bonn, Berlin.

Köppel, P., Yan, J., & Lüdicke J. (2014). *Cultural Diversity Management in Deutschland hinkt hinterher.* Gütersloh: Bertelsmann Stiftung.

Krell, G. (1999). Entgelt, Arbeit, Führung: die Rolle des Geschlechts in der Arbeitswissenschaft und der Personallehre. In M. Beblo, G. Krell, K. Schneider & B. Soete (Hrsg.), *Ökonomie und Geschlecht* (S. 161–183). München: Hampp.

Krell, G., & Sieben, B. (2011). Managing Diversity: Chancengleichheit für alle und auch als Wettbewerbsfaktor. In G. Krell & B. Sieben (Hrsg.), *Chancengleichheit durch Personalpolitik. Gleichstellung von Frauen und Männern in Unternehmen und Verwaltungen. Rechtliche Regelungen – Problemanalysen – Lösungen* (S. 155–174). 4. Aufl. Wiesbaden: Springer Gabler.

Krisor, S. M., & Köster, G. M. (2016). Diversity Management – Definition, Konzept und Verständnis im Human Resource Management. In P. Genkova & T. Ringeisen (Hrsg.), *Handbuch Diversity Kompetenz* (S. 89–104). Wiesbaden: Springer.

Kühn, R. (2014). Schlüsselpersonen ins Boot holen. *Neue Caritas Spezial, 2,* (S. 18).

Leiprecht, R. (2011). Einleitung. In R. Leiprecht (Hrsg.), *Diversitätsbewusste Soziale Arbeit* (S. 7–11). Schwalbach/TS: Wochenschauverlag.

Leiprecht, R. (2008). Diversity Education und Interkulturalität in der Sozialen Arbeit. *Sozial Extra, 32,* (S. 15–19). https://doi.org/10.1007/s12054-008-0102-0.

Lewin, K. (1947). Frontiers in Group Dynamics. Concept, Method and Reality in Social Science; Social Equilibria and Social Change. *Human Relations, Vol 1, Jun 1947,* (pp. 5–41).

Lima-Curvello, T. (2007). Interkulturelle Öffnung. Bundeszentrale für politische Bildung. http://www.bpb.de/gesellschaft/migration/dossier-migration/56487/interkulturelle-oeffnung. Zugegriffen: 12. Juli 2018.

Lüthi, E., Oberpriller, H., Lose, A., & Orths, S. (2013). *Teamentwicklung mit Diversit Management. Methoden – Übungen und Tools.* 3. Aufl. Bern: Haupt-Verlag.

Macha, H., Brendler, H., & Römer, C. (2017). *Gender und Diversity im Unternehmen. Transformatives Organisationales Lernen als Strategie.* Opladen Berlin Toronto: Budrich Uni Press.

Maltbia, T. E., & Power, A. T. (2009). *A Leader's Guide To Leveraging Diversity. Strategic Learning Capabilities for Breakthrough Performance.* London und New York: Routledge.

Mecheril, P., & Plößer M. (2014). Diversity und Soziale Arbeit. In H.-U. Otto & H. Thiersch (Hrsg.), *Handbuch Soziale Arbeit* (S. 322–331). 5. Aufl. München: Reinhardt.

Mecheril, P., & Vorrink A. (2012). Diversity und Soziale Arbeit – Umriss eines kritisch-reflexiven Ansatzes. *Archiv für Wissenschaft und Praxis der Sozialen Arbeit, 1/2012,* (S. 92–101).

Merchel, J. (2015). *Management in Organisationen der Sozialen Arbeit. Eine Einführung.* Weinheim und Basel: Beltz Juventa.

Merklein, A. (2017). *Diversity Management in Deutschland.* Wiesbaden: Springer. https://doi.org/10.1007/978-3-658-19010-1_5.

Miebach, B. (2015). *Handbuch Human Resource Mangement. Das Individuum und seine Potenziale für die Organisation.* Wiesbaden: Springer VS.

Mischke, J., & Wingerter, C. (2012). Frauen und Männer auf dem Arbeitsmarkt – Deutschland und Europa. In Statistisches Bundesamt (Hrsg.), *Frauen und Männer auf dem Arbeitsmarkt – Deutschland und Europa.* Wiesbaden.

Möbius, T., & Haider-Lorentz (2014). *Flexibel bleiben. Altersgerechte und generationensensible Personalentwicklung in sozialen Arbeitsfeldern. Eine Handreichung für die Praxis.* Hamburg: Das Rauhe Haus.

Mor Barak, M. E. (2000). The inclusive workplace: An eco-systems approach to diversity management. *Social Work 45 (4).*

nestwärme (2016). Jahres- und Wirkungsbericht. https://nestwaerme.de/2016/09/publikation-erster-kombinierter-jahres-und-wirkungsbericht/. Zugegriffen: 16. Juli 2018.

Oertel, J. (2014). Baby Boomer und Generation X – Charakteristika der etablierten Arbeitnehmer-Generationen. In M. Klaffke (Hrsg.), *Generationen-Management* (S. 28–56). Wiesbaden: Springer VS.

Pagels, N. (2004). Diversity-Management als Instrument für feministische und antirassistische Praxen? In B. Roß (Hrsg.), *Migration, Geschlecht und Staatsbürgerschaft. Perspektiven für eine antirassistische und feministische Politikwissenschaft* (S. 163–178). Wiesbaden: VS Verlag für Sozialwissenschaften.

Pecenca, J. (2013). Interkulturelle Öffnung: profillos, kurzsichtig, unnötig? Oder wesentliche Voraussetzung für Professionalität. In Diakonisches Werk Hamburg-West/Südholstein & Flüchtlingsrat Schleswig-Holstein (Hrsg.), *Der MiXXX macht's! – Differenz fair gestalten. Interkulturelle Öffnung und Antidiskriminierung. Hintergrundinformationen, praxisbezogene Berichte und Anregungen für AkteurInnen am Arbeitsmarkt in Schleswig-Holstein* (S. 15–17). Kiel, Norderstedt.

Personalwissen Online (2018). Kennzahl: Diversity Return on Investment. https://www.perwiss.de/kennzahl-diversity-return-on-investment.html. Zugegriffen 20. Dezember 2018.

Priller, E. et al. (2012). Dritte-Sektor-Organisationen heute: Eigene Ansprüche und ökonomische Herausforderungen. Ergebnisse einer Organisationsbefragung. Wissenschaftszentrum Berlin für Sozialforschung. https://www.wzb.eu/system/files/docs/ende/zeng/dso_gesamt_finale_23-05-2013_online.pdf. Zugegriffen: 12. Juli 2018.

Prout at Work (2018). https://www.proutatwork.de. Zugegriffen: 12. Juli 2018.

Rannenberg-Schwerin, P. (2012). Leitung der Kindertageseinrichtung. In U. Carle & G. Köppel (Hrsg.), *Handreichungen zum Berufseinstieg von Elementar- und KindheitspädagogInnen – Heft B11*. Universität Bremen: Arbeitsgebiet Elementar- und Grundschulpädagogik.

Rapp, N. (2014). Bad Waldsee. Leitungsstellen sind teilbar. *Neue Caritas Spezial*, 2, (S. 20).

Rastetter, D. (2006). Managing Diversity in Gruppen. In G. Krell & H. Wächter (Hrsg.), *Diversity Management* (S. 81–108). München und Mering: Hampp.

Rastetter, D., & Dreas, S. (2016). Diversity Management als eine betriebliche Strategie. Zwischen Marktlogik und Fairness. In K. Fereidooni & A. P. Zeoli (Hrsg.), *Managing Diversity. Die diversitätsbewusste Ausrichtung des Bildungs- und Kulturwesens, der Wirtschaft und Verwaltung* (S. 319–339). Wiesbaden: Springer VS.

Reisyan, G. D. (2013). *Neuro-Organisationskultur. Moderne Führung orientiert an Hirn- und Emotionsforschung*. Berlin Heidelberg: Springer. https://doi.org/10.1007/978-3-642-38474-5_4.

Rohrmann, A., Schädler, J., Wissel, T., & Gaida, M. (2010). *Materialien zur örtlichen Teilhabeplanung für Menschen mit Behinderungen*. ZPE-Schriftenreihe, Nr. 26.

Sander, G., Müller, C., & Hartmann, I. (2012). Diversity Management als Veränderungsprozess. http://www.gleichstellungs-controlling.org/wp-content/uploads/2015/09/Diversity-Management-als-Veraenderungsprozess.pdf, Zugegriffen: 12. Juli 2018.

Schein, E. H. (1984). Coming to a New Awareness of Organizational Culture. *Sloan Management Review, 25:2* (pp. 3–16).

Scherr, A. (2011). Diversity: Unterschiede, Ungleichheiten und Machtverhältnisse. In R. Leiprecht (Hrsg.), *Diversitätsbewusste Soziale Arbeit* (S. 79–90). Schwalbach/TS: Wochenschau Verlag.

Schmauch, U. (2003). Berufsrolle, sexuelle Orientierung und professionelles Handeln in der Sozialen Arbeit. Überarbeite Fassung des Vortrags, gehalten beim Fachtag des Hessischen Sozialministerium zum Thema Diversity am 25.4.2003 in Wiesbaden. http://www.gleichgeschlechtliche-lebensweisen.hessen.de/global/show_document.asp?id=aaaaaaaaaaaahgj Zugegriffen: 12. Juli 2018.

Schramkowski, B., & Kricheldorff, C. (2014). Tradierte Rollenbilder aufbrechen. *Neue Caritas Spezial, 2,* (S. 10–11).
Schröer, H. (2012). Diversity Management und Soziale Arbeit. *Archiv für Wissenschaft und Praxis der Sozialen Arbeit, 1/2012,* (S. 1–13).
Schröer, H. (2007). Diversity Management und Soziale Arbeit. *BBE Newsletter 20/2007.*
Schulz, A. (2009). *Strategisches Diversitätsmanagement. Unternehmensführung im Zeitalter der kulturellen Vielfalt.* Wiesbaden: Gabler.
Schulz-Nieswandt, F., Köstler, U., Langenhorst, F., & Marks, H. (2012). *Neue Wohnformen im Alter Wohngemeinschaften und Mehrgenerationenhäuser.* Stuttgart: Kohlhammer.
Schwarz-Wölzl, M., & Maad, C. (2003). Diversity und Managing Diversity Teil 1: Theoretische Grundlagen, Modul 1, Zentrum für Soziale Innovationen Wien. https://www.zsi.at/attach/Diversity_Teil1_Theorie.pdf. Zugegriffen: 12. Juli 2018.
Segert, A., & Wondrak, M. (2015). Using the Diversity Impact Navigator to move from interventions towards diversity management strategies. *Journal of Intellectual Capital, Vol. 16, Issue: 1,* (pp. 239–254). https://doi.org/10.1108/jic-12-2013-0117.
Sepehri, P., & Wagner, D. (2002). Diversity und Managing Diversity. Verständnisfragen Zusammenhänge und theoretische Erkenntnisse. In S. Peter & N. Bensel (Hrsg.), *Frauen und Männer im Management* (S. 121–139). Wiesbaden: Gabler.
Siemon, M. (2012). Diversity Management als strategische Innovation des Controllings – am Beispiel eines Pflegeheims. In K. Heuer et al. (Hrsg.), *Wismarer Schriften zum Management und Recht. Bd. 69.* Bremen: Europäischer Hochschulverlag.
Sporket, M. (2010). Alternsmanagement in der betrieblichen Personalpolitik. In B. Badura, H. Schröder & K. Macco (Hrsg.), *Fehlzeiten-Report 2010. Vielfalt managen: Gesundheit fördern – Potenzial nutzen* (S. 163–173). Berlin und Heidelberg: Springer.
Statistisches Bundesamt (2017). Männer im Elementarbereich. Pressemitteilung vom 25.4.2017.
Stiegler, B. (2008). „Heute schon gegendert?" Gender Mainstreaming als Herausforderung für die Soziale Arbeit. In K. Böllert & S. Karsunky (Hrsg.), *Genderkompetenz in der Sozialen Arbeit* (S. 19–28). Wiesbaden: VS Verlag für Sozialwissenschaften.
Stuber, M. (2009). *Diversity. Das Potenzial-Prinzip. Ressourcen aktivieren – Zusammenarbeit gestalten.* Köln: Luchterhand.
Süß, S., & Kleiner, M. (2006). Diversity Management: Verbreitung in der deutschen Unternehmenspraxis und Erklärungen aus neoinstitutionalistischer Perspektive. In G. Krell & H. Wächter (Hrsg.), *Diversity Management* (S. 57–80). München und Mering: Hampp.
Surat-Dagtekin, G. (2011): Krankheit und Kranksein des türkischen Migranten. Dissertation. Institut für Geschichte und Ethik der Medizin der Universität zu Köln. https://repository.publisso.de/resource/frl:4215541-1/data. Zugegriffen: 12. Juli 2018.
Thomas, R. Jr. (1990). From Affirmative Action to Affirming Diversity. *Harvard Business Review,* 90(2), 107–117.
Thomas, D. A., & Ely, R. J. (1996). Making Differences Matter. A New Paradigm for Managing Diversity. *Harvard Business Review* 74(5), 79–90.
Tondorf, K. (2009). „Logib D" – Ein Weg zur Entgeltgleichheit? *djbz – Zeitschrift des Deutschen Juristinnenbundes e. V., 3/2009* (S. 130–133).
Tuschinsky, C. (2013). Interkulturelle Öffnung als Instrument der Organisationsentwicklung. In Diakonisches Werk Hamburg-West/Südholstein & Flüchtlingsrat Schleswig-Holstein (Hrsg.), *Der MiXXX macht's! – Differenz fair gestalten. Interkulturelle*

*Öffnung und Antidiskriminierung. Hintergrundinformationen, praxisbezogene Berichte und Anregungen für AkteurInnen am Arbeitsmarkt in Schleswig-Holstein* (S. 18–20). Kiel, Norderstedt.
Vedder, G. (2006). Die historische Entwicklung von Diversity Management in USA und in Deutschland. In G. Krell & H. Wächter (Hrsg.), *Diversity Management. Impulse aus der Personalforschung* (S. 1–22). München und Mering: Hampp.
Volkssolidarität (2014). Arbeitsergebnisse Personalentwicklung in der Pflege, Handreichung. http://www.volkssolidaritaet.de/fileadmin/content/kap_media/Materialien/2015-2010/2014-KP-Pflege-Arbeitsergebnisse-Personalentwicklung.pdf. Zugegriffen: 12. Juli 2018.
Walgenbach, K. (2012). Intersektionalität – eine Einführung. http://portal-intersektionalitaet.de/startseite/. Zugegriffen: 16. Juli 2018.
Wallner, C. (2008). Frauenarbeit unter Männerregie oder Männerarbeit im Frauenland? Einblicke in die Geschlechterverhältnisse sozialer Fachkräfte im Wandel Sozialer Arbeit. In K. Böllert & S. Karsunky (Hrsg.), *Gender Kompetenz in der Sozialen Arbeit* (S. 29–45). Wiesbaden: VS Verlag für Sozialwissenschaften.
Watrinet, C. (2010). Der DiversityCulture Index™: Kernstück eines ganzheitlichen Diversity-Controllings. In B. Badura, H. Schröder, K. Macco (Hrsg.), *Fehlzeiten-Report 2010. Vielfalt managen: Gesundheit fördern – Potenzial nutzen* (S. 91–199). Berlin und Heidelberg: Springer.
Weinbach, H. (2016). *Soziale Arbeit mit Menschen mit Behinderungen. Das Konzept der Lebensweltorientierung in der Behindertenhilfe.* Weinheim: Beltz Juventa.
Wendt, W. R. (2016). *Sozialwirtschaft Kompakt: Grundzüge der Sozialwirtschaft.* Wiesbaden: Springer VS.
West, C. & Zimmermann, D. H. (1987). Doing Gender. *Gender and Society, Vol. 1, No. 2*, (pp. 125–151).
Windolf, P. (2009). Einleitung: Inklusion soziale Ungleichheit. In R. Stichweh & P. Windolf (Hrsg.), *Inklusion und Exklusion: Analysen zur Sozialstruktur und sozialen Ungleichheit* (S. 11–27). Wiesbaden: VS Verlag für Sozialwissenschaften.
Winkler, M. (2008). Management und Steuerung. In J. Bakic, M. Diebäcker & E. Hammer (Hrsg.), *Aktuelle Leitbegriffe der Sozialen Arbeit. Ein kritisches Handbuch* (S. 12–136). Wien: Löcker.
Wöhrle, A. (2012). *Managementkonzepte für die Sozialwirtschaft. Führen im Zeichen des Organisationswandels und neuer Steuerungskonzepte, Studienbrief 2-020-1401.* Brandenburg: Hochschulverbund Distance Learning.
Wunderer, R. (2018). *Führung und Zusammenarbeit im Märchen und in Arbeitswelten.* Wiesbaden: Springer Gabler. https://doi.org/10.1007/978-3-658-18167-3.

The manufacturer's authorised representative in the EU is Springer Nature Customer Service Centre GmbH, Europaplatz 3, 69115 Heidelberg, Germany. If you have any concerns regarding our products, please contact ProductSafety@springernature.com

Printed and bound by CPI Group (UK) Ltd, Croydon, CR0 4YY
25/03/2026
02078186-0011